地域批評シリーズ㊶

これでいいのか
茨城県の野望

まえがき

都道府県や大都市をテーマに、その実像や本質を探る地域批評シリーズ。その特別編集版で『これでいいのか茨城県』は、内容を変えて3度刊行されている（都道府県最多）。それだけ茨城県は、分析し甲斐のある地域である。

記念すべき『これでいいのか茨城県』の1号目の刊行は2011年。東日本大震災の被災地となった茨城県の復旧と復興の実態を取り上げた。2013年刊行の2号目では、圏内の地域格差や街の問題点を浮き彫りにした。そして2019年刊行の3号目では、都道府県魅力度ランキング（以下：魅力度ランキング）で万年最下位の要因を分析し、知られざる県の特性や魅力、課題を探った。この3号目を文庫化したのが本書である。だが2020年秋、その内容に大きく関わるニュースが飛び込んできた。「魅力度ランキング最下位脱出」の報である。そこでこの結果を受け、内容には一部加筆と訂正を施している。

さて、魅力度ランキングのラス抜けは、茨城県にとって喜ばしいニュースではあった（一部には最下位が良かったという声もあったが）。茨城県は「日本一人気がない県」というレッテルを貼られ続けてきたが、もうその結果に一喜一憂する必要がなくなったからだ。もちろんたった1回のラス抜けで不名誉なレッテルを払拭できたわけではないし、再び最下位に逆戻りするかもしれない。上位を目指したい気持ちもわかる。しかし、こと魅力度ランキングで限れば、茨城県にこれ以上の伸びしろはおそらくない。あの調査方式で、茨城県が北海道や京都に比肩する人気県になるなんて現実離れも甚だしい。というわけで、茨城県が不人気県から完全に脱却して反撃に転じるには、まず魅力度ランキングへのこだわりを捨て去り、その呪縛を解くことが先決である。

そもそも茨城県のポテンシャルはすこぶる高い。豊かさは全国屈指だ。ただ郷土のすばらしさとは裏腹に、県内では地域格差が広がり、街やエリアによっては衰退を余儀なくされている。こうした問題点に目をつぶっていたら、今後の茨城県の発展はなく、本来の魅力や長所も失われていくことだろう。茨城県の課題は、数多くある長所を伸ばすのはもちろん、欠点をどうカバーしていくかにある。これから茨城県は人々の理想郷となれるのか？『茨城県の野望』という大それたタイトルの下、その目指すべき姿を探っていくとしよう！

茨城県地図

北
0
10km
福島県
栃木県
茨城県
大子町
しものみや
袋田
袋田の滝
ひたちだいご
ふくろだ
奥久慈
かみおがわ
さいがね
竜神峡
竜神大吊橋
しもおがわ
なかふなゆう
やまがたじゅく
のがみはら
たまがわむら
常陸大宮市
常陸太田市
城里町
那珂市
北茨城市
高萩市
日立市
東海村
関本PA
おおつこう
JR常磐線
北茨城
いそはら
中郷SA
高萩
みなみなかごう
たかはぎ
じゅうおう
日立北
おぎつ
日立中央PA
日立中央
ひたち
常磐自動車道
ひたちたが
おおみか
日立南太田
東海PA
とうかい
ひたちおおみや
ひたちおおた
やがわら
かわい
JR水郡線
うりづら
ぬかた
ひたちこうのす
みなみさかいで
那珂
かみすがや
真岡鐵道
461
118
293
349
123
6
245

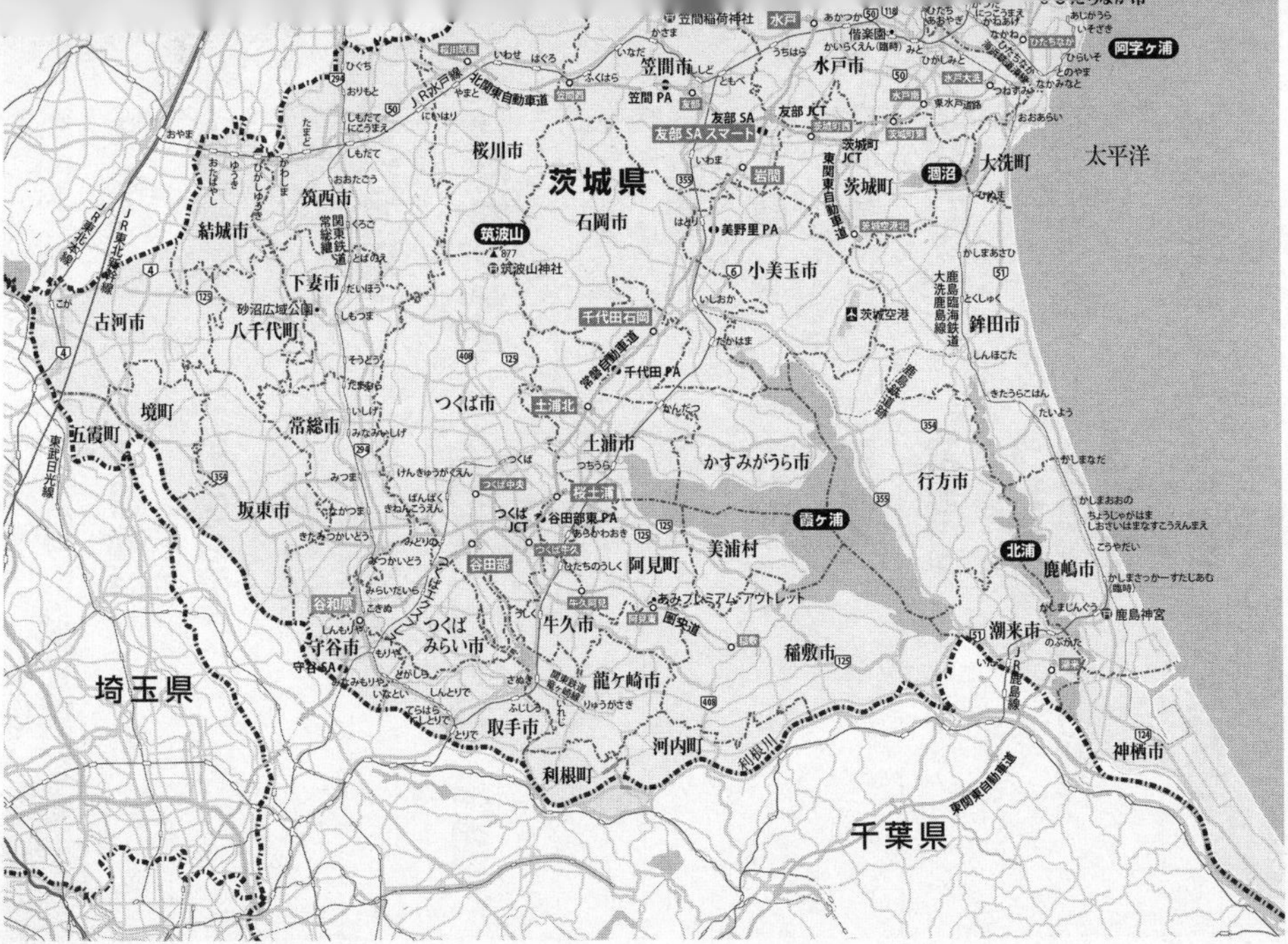
茨城県
埼玉県
千葉県
太平洋
筑波山
霞ヶ浦
北浦
涸沼
阿字ヶ浦
古河市
五霞町
境町
結城市
八千代町
下妻市
筑西市
桜川市
笠間市
水戸市
茨城町
大洗町
石岡市
小美玉市
鉾田市
つくば市
常総市
坂東市
守谷市
つくばみらい市
取手市
利根町
河内町
龍ケ崎市
牛久市
阿見町
土浦市
かすみがうら市
美浦村
稲敷市
行方市
鹿嶋市
潮来市
神栖市
JR水戸線
JR東北本線
北関東自動車道
常磐自動車道
東関東自動車道
圏央道
関東鉄道常総線
関東鉄道竜ケ崎線
鹿島臨海鉄道大洗鹿島線
JR鹿島線
東武日光線
友部 SA スマート
友部 SA
友部 JCT
茨城町 JCT
笠間 PA
美野里 PA
千代田 PA
谷田部東 PA
つくば JCT
守谷 SA
茨城空港
筑波山神社
鹿島神宮
笠間稲荷神社
偕楽園
砂沼広域公園
あみプレミアム・アウトレット
利根川

茨城県基礎データ

地方	関東地方
総面積	6,097.06㎢
人口	2,851,670 人
人口密度	467.71 人 /㎢
隣接都道府県	福島県、栃木県、埼玉県、千葉県
県の木	ウメ
県の花	バラ
県の鳥	ヒバリ
県の魚	ヒラメ
団体コード	08000-4
県庁所在地	〒 310-8555 茨城県水戸市笠原町 978 番 6
県庁舎電話番号	029-301-1111（代表）

※総面積は 2015 年現在。人口は 2021 年 2 月 1 日現在

第１章
茨城県はまだまだ こんなもんじゃない！

わかっちゃいるけど普通にスゴイ！
茨城の自慢

言わずと知れた全国屈指の農業大国

茨城県は北海道に次ぐレベルの農業大国で、毎年農業産出額で鹿児島県と2位の座を争っている。２０１７年からは残念ながら3位に甘んじているが、農産物の獲れ高は気象条件などで変わってくるし、２０１６年は2位だったから、今後も両県の競い合いは続くだろう。

まあ、そんなことは県民も周知の事実なので、どれだけ茨城の農業がスゴいかってことを証明するために、全国1位の品目を列挙してみる。鶏卵、かんしょ（サツマイモ類）、ハクサイ、メロン、レンコン、ピーマン、コマツナなど、全部で14品目にも及ぶ。さらに、その品目を全国3位まで広げると29品目。レタス、ネギ、カボチャなど普段の食卓に欠かせない品目も多く、いわば茨城なくして日本の食は語れないレベルだ。

県内の都市別では、鉾田市がメロン、イモ類、野菜類の市町村別産出額で全国1位。すべての品目を合わせた総計でも全国３位の超農業都市。また、小美玉市も鶏卵部門で全国１位となり、花き類でも神栖市が全国４位と、各地で特色ある農業が営まれている。

これだけ多くの品目が育てられるのは、全国２位の耕地面積と平均気温13～14度ほどの穏和な気候、さらに利根川や霞ヶ浦といった豊富な水資源に恵まれているからだ。その上、茨城県は就農支援が手厚いのだ。最大１５０万円の支援を実施しているほか、研修中でも月額10万円以内の援助を受けられる「ニューファーマー育成研修助成事業」も行っている。また茨城就農コンシェルを設け、就農を志す人の相談を随時受け入れている。そこでは長く農業を続けるため、まずは県内にある法人とマッチングしてくれる。農業の研修体験ができる農家も１３０戸以上あり、茨城県立農業大学校など専門機関も充実している。

農業に最適な風土と豊富な人材・施設。ハード面とソフト面を兼備した茨城

都道府県農業産出額ランキング（2017年）

順位	都道府県	農業産出額
1	北海道	12,762
2	鹿児島県	5,000
3	茨城県	4,967
4	千葉県	4,700
5	宮崎県	3,524
6	熊本県	3,423
7	愛知県	3,232
8	青森県	3,103
9	栃木県	2,828
10	岩手県	2,693

※農業産出額の単位は億円
※農林水産省統計「平成29年農業産出額及び生産農業所得（都道府県別）」参照

の農業は、ここが首都圏なことを忘れるくらい充実している。だが東京とのアクセスのよさから出荷条件も整っており、現状で天候以外、茨城の農業に死角は見当たらない。この点は、もっともっと評価されてしかるべきである。

実力派企業も多く第２次産業は強力！

東京に近くてアクセスもよく、平地が多い茨城県は、工業立地面積で全国トップ。県内各地に工業団地が点在している。なかでも鹿島灘沿いに広がる鹿島臨海工業地帯は、一大工業地帯として知られている。その中核をなす神栖市は、製造品出荷額等が１兆４９０６億円で県内トップ。日立製作所が立地する日立市が１兆５４７億円で続き、以下、古河市が１兆４０２億円、ひたちなか市が１兆20億円と続く。このように製造品出荷額等が１兆円を超える都市が県内に４つもある。お隣の千葉県は京葉工業地域を抱えているが、１兆円超えは千葉市と市原市のみ。市原市は４兆円に迫る超工業都市で、たいていの県では工業の中心がひとつの自治体だったりすることが多い。その点で茨城では突出した自治体がなく、それゆえに工業の強さが目立たないのかもしれないが、工業都市が県内に分散して立地しているため、県全体の雇用にも好影響を与えている。

それに茨城には有名企業も多い。その代表は何といっても日立製作所で、創業地にして企業城下町の日立は、昔から県内屈指の工業都市として名を馳せ、ピーク時には日立関連企業だけで市内に1000を数えていた。日立製作所の話は県民の常識だが、日立市には意外と知られていない世界企業が進出している。セレブの代名詞ともいえるメルセデス・ベンツである。本社ではないが、日立南太田IC近くに新車整備センターを設けており、日本国内に輸入されるベンツは、必ず日立市に集められる（水戸あたりでベンツをよく見かけるのも、その影響なのかもしれない？）。さらに、常総市には「うまい棒」で知られるリスカが本社を構えているほか、「うまいヌードル、ニュータッチ」で有名なヤマダイも八千代町に本社を置いており、重化学工業以外の分野でもニッチな企業であふれている。

また、忘れてはならないのが醸造業（主に醤油）だ。その歴史は定かではないものの、江戸時代には今の県南を中心に、醸造業が始まっていたとされてい

都道府県の工場立地面積ランキング

順位	都道府県	工場立地面積
1	茨城県	1,474
2	愛知県	864
3	群馬県	752
4	千葉県	713
5	静岡県	619

※単位＝千㎡ ※経済産業省「平成30年工場立地動向調査」参照

る。これは霞ヶ浦から利根川を経て江戸へ至る水運ルートが開拓されたことで、江戸への搬送が容易になったことが大きい。現在、醸造業といえば、千葉県銚子市や野田市が有名だが、江戸時代には「関東三大銘柄地」にも数えられていたように、県南では別格の醤油が生産されていたのだ。現在は柴沼醤油醸造（土浦市）を残すのみとなってしまったが、同社の醤油は職人による手作りで、料理界での評価も高い。航空会社や回転ずしチェーンでも使用されていて、２０１０年以降は海外への輸出も始まった。国内ではあまり知られていないものの、密かに世界でのシェアを広げつつある。

茨城県の企業は超有名どころから、ニッチ

ないぶし銀まで、とにかく実力派が多く、実に多種多様なのである。

県内の景気指数は軒並み上昇中！

農業も製造業も強いとあれば、当然ながら県内経済も潤っている。1人当たり県民所得とは、企業所得、財産所得、雇用者報酬の合計を各都道府県の人口で割ったものだが、この数値で全国10位にランクイン。あまりたいしたことないと思われるかもしれないが、国の平均は上回っており、しかも茨城県経済は上向きの傾向にある。

たとえば都道府県版のＧＤＰともいえる名目県内総生産は、２０１６年で13兆５６７億円。前年度からの増加率は４・４パーセントで、国平均の２・８パーセントを大きく上回っている。さらに茨城県の県民所得の増加率が５・６パーセントなのに対し、国は２・９パーセント。およそ2倍の伸び率を見せている。しかも経済成長率は3年連続でプラス。近年の茨城県の経済って、実はノリに乗っている？

都道府県１人当たり県民所得ランキング

順位	都道府県	1人当たり県民所得
1	東京都	5,378
2	愛知県	3,677
3	三重県	3,556
4	栃木県	3,481
5	富山県	3,373
6	静岡県	3,316
7	福井県	3,196
8	群馬県	3,145
9	大阪府	3,127
10	茨城県	3,079

※単位＝千円　※2015年のデータ　※内閣府「県民経済計算（平成18年度 - 平成27年度）」参照

業種別で好調なのは農林水産業と宿泊・サービス業。とくに後者はさんざん魅力度が低いといわれながら、好調ぶりを示している。国営ひたち海浜公園の入園者数は、2018年度に最多の229万人を記録した。SNS上でまたたく間に写真が拡散し、アジア圏を中心に多くのインバウンドを呼び込んでいる。20人以上の外国人団体客数は過去最多の3万5152人となり、インバウンド観光は堅調そのものだ。今後、新型コロナウイルスの問題などさまざまな状況を考慮する必要はあるだろうが、こうした外国人を県内各地に誘導できれば、県の景気はさらに上昇するだろう。

このように、第1次産業と第2次産業ばかり際立っていた茨城県では、新しいムーブメントが起きつつある。大洗がアニメの聖地として観光客を呼び込んでいるのは周知の事実だが、近年はガルパンファンによる移住者も増えている。国営ひたち海浜公園のケースも、口コミが起爆剤となった。いわゆるトップダウンではなくボトムアップのかたちで茨城の魅力が再発掘されつつあり、大きな強みにもなっている。

明治維新の原動力となった水戸学

茨城県は歴史だってスゴい。近代日本の礎を築いたのはまぎれもなく明治維新である。それまでの封建国家から近代国家としての道を歩み始め、現代にも通じる数々の制度を定めた。その後の軍国主義を批判するため、明治維新を槍玉に挙げる専門家も少なくないが、国家としての大きな転換点となったのは事実だし、日本が豊かになっていく出発点となった。

その明治維新で大きな役割を果たしたのが水戸学だ。ご存知の県民も多いだろうが、郷土史にくわしくない移住民のためにも少々水戸学の歴史に触れておきたい。水戸学は第2代水戸藩主・徳川光圀（黄門さま）によって始められた『大日本史』の編纂事業に端を発している。なかでも水戸学に多大な影響を与えたのは、烈公と呼ばれる徳川斉昭で、学問による人材育成に尽力するため、弘道館を設立。儒学思想を中心に、国学や史学、神道などさまざまな学問を学ぶ場となった。ここで自然と醸成されていった思想や学問は、吉田松陰や西郷隆盛など維新の関連人物たちに影響を与えた。

水戸学（後期水戸学）の考え方

社会的上下関係の保持
君主と臣下の名分を厳正にする
国民の意志を結合して 国家目的に協力させる
尊王攘夷は国家体制（国体）を 強くするための手段

※各種資料により作成。ここで紹介したのは水戸学の思想の一部

その最たるものが、弘道館の藤田東湖が『弘道館記述義』のなかで著した「改革を断行し、天皇を中心に国が一体となって海外に立ち向かう」という尊王攘夷思想である。吉田松陰は投獄中に水戸学関連の本を読み漁り、独自の尊王攘夷論へと変容させていった。こうした思想を危険視した幕府によって、水戸藩も大規模な弾圧を受けることとなったが、それでも水戸藩士たちは尊王攘夷思想を捨てなかった。桜田門外の変や東禅寺事件など幕府の要人を狙った襲撃事件も起こしており、水戸藩士の一致団結したときの行動力たるや畏

敬の念すら覚える。

徳川最後の将軍に当たる徳川慶喜は、斉昭の七男で、弘道館で水戸学を9年間学んだことから、大政奉還に至ったと考えられている。スペースの都合上、かなり割愛せざるを得なかったが、要するに水戸学の思想が明治維新の原動力になり、ひいては現代日本の礎にあるのは水戸学といっても過言ではない（というのが茨城の常識でもある？）。

というわけで、水戸市では水戸学を中心とした歴史教育が今も根強く残る。教科書に水戸学が登場する回数が少なすぎるせいか、水戸市では郷土史の副読本を小中学校で配布している。

とにもかくにも、水戸学の思想が幕末以降の日本に与えた影響が大きく、茨城県民（水戸市民）の自慢なのは言うまでもない。

豊かな県なのに魅力度最下位だったナゾ

7年連続最下位なんて到底受け入れられない！

ブランド総合研究所が発表する魅力度ランキングで、2019年まで7年連続最下位というありがたくない記録を打ち立ててしまった茨城県。県民たちからは開き直りやあきらめの声が聞こえてきた一方で、「こんなのあてにならん！」と一蹴する声も少なくなかった。

水戸市内の居酒屋で生粋の水戸民に魅力度について投げかけてみると、興味深い反応が返ってきた。いわく「そもそも魅力なんていうもんを他県と比較するべきじゃないでしょ！　だいたい調査方法がネットでしょ？　オジサンみたいな高齢者はネット使わないもん」と力説。言葉のウラからイラ立ちのような、憤りのような、何か燃えたぎるようなものを感じたのはいうまでもない。さすがは生粋の「水戸っぽ」とでもいうか、実に力強く熱っぽい口調だった。

まあ、確かに水戸民の話にも一理ある。魅力度ランキングの調査方法は、全国1000の市区町村に渡って3万人規模のネットアンケート結果を基に集計されている。ちなみに年齢層は20〜70代。これを男女別、各年代別、地域別にほぼ同数ずつ回収し、年齢や地域人口の分布にあわせて再集計している。項目は全84項目で「認知度」「魅力度」「情報接触度」「居住意欲度」「観光意欲度」などが∧外からの視点∨に分類（県外）。さらに「愛着度」「自慢度」などの∧内からの視点∨を分類（県民）して、結果を出している。

この集計方法で問題となるのはあくまでアンケート調査という点だ。公平を期すために各地域の年齢や人口構造にして再集計しているというが、そうなるとどうしても有利になるのは大都市圏になる。おそらく∧外からの視点∨の項目は、自身が住んでいる都道府県には投票できないのだろうが、それでも大都市圏では、なじみ深い近隣に票が集中したり、観光王国に票が流れやすい。ランキングの下位を見てみると、佐賀や群馬、徳島といった付近に大都市のない

都道府県魅力度ランキング（2020年）のトップ10とワースト10

順位	都道府県	前年順位
1	北海道	1
2	京都府	2
3	沖縄県	4
4	東京都	3
5	神奈川県	5
6	大阪府	6
7	奈良県	7
8	長野県	10
9	福岡県	8
10	石川県	9
37	滋賀県	39
38	埼玉県	41
39	山形県	27
40	鳥取県	41
40	群馬県	45
42	茨城県	47
44	福井県	37
45	佐賀県	46
46	徳島県	44
47	栃木県	43

※ブランド総合研究所の「地域ブランド調査2020」を参照

エリアが並んでいる。ちなみに、茨城は首都圏ではあるが、守谷など一部地域をのぞいて大部分が東京都市圏には含まれていない。また、北海道や沖縄は毎年上位にランクインしているが、いずれも行ったことがなくても一度は行ってみたいと思わせる有名観光地だ。つまり、その都道府県の魅力をよく知らなくても、知名度とイメージだけで選ばれやすい。

ランキング結果は安定化しつつあり、上位5県の顔ぶれは毎年ほとんど変わらない。要するに、魅力度ランキングはその調査の性質ゆえに、大都市と観光知名度に引っ張られやすく、茨城はスタートの段階で不利な状況を強いられているというワケだ。

こうした傾向は関東地方の観光魅力度ランキングでも顕著に表れている。上位3県は東京、神奈川、千葉といずれも東京都市圏に含まれている。埼玉の低迷っぷりには驚かされるばかりだが、千葉には成田空港や東京ディズニーリゾートなどがあり、他都道府県からの訪問客も多いし、認知度も高い。茨城だってなかなか使い勝手のいい空港があるが、成田と比べるのはさすがに無理がある。結果、北関東3県の票は東京や神奈川に集中してしまい、北関東3県と埼玉は割を食うかたちで下位を独占してしまっていると考えられる。

とはいえ、北関東の他2県の後塵を拝すのは県民にとってもやるせない（むしろ埼玉は親近感）。これは強烈な観光スポットの有無が大きいのではないだろうか。茨城では国営ひたち海浜公園が注目を浴びているが、群馬の草津温泉や栃木の日光ほどの知名度や集客力があるわけではない。草津温泉には約325万人、日光には約344万人（2017年）が訪れた一方、国営ひたち海浜公園は約230万人。健闘しているが、100万人以上の差はデカい。また、茨城には世界文化遺産や自然遺産がないこともひとつの原因だろう。世界遺産があるからといって、それだけで魅力度が上がるわけではないものの、知名度という点では弱点でもある。水戸城とかもし現存するかたちで残っていればまだ可能性はあっただろうが、ないものねだりをしてもどうしようもない。

茨城が魅力度ランキングで最下位になってしまったのは、調査方法の特性と、全国に名立たる強力なコンテンツが不足している点が大きな影響を与えたと考えられる。だが、農林水産業の強さ（食材県）からして、もっと知名度があってしかるべき。そこで次頁では茨城が抱える問題点を論じる。

なぜ茨城の魅力度は上がらなかったのか？

どこかズレを感じる積極的なPR活動

どうも最近の茨城は、映像コンテンツに興味があるようで、民放だけでなくインターネット番組による発信に凝っている。その最たる例が「いばキラTV」だ。これは2012年、県議による要望から始まった茨城発のユーチューブチャンネル。全国で唯一県内に地方局がないことからインターネット番組を通じ、県政の情報や県民の郷土愛を育むことから始まった。2016年には予算の改訂に合わせてチャンネルを大幅リニューアル。それまでの目的であった県民への発信から、県外への魅力アピールへと方針転換が図られた。2018年には自治体初のバーチャルユーチューバー・茨ひよりも誕生し、IT業界から熱視

茨城県の魅力度アップのための主な取り組み

「いばキラTV」の開局
茨城県出身タレントを起用したPR動画作成
「いばらきっ子郷土検定」の導入
「いばらき観光マイスター制度」を設置
「いばらきイメージアップ大賞」の創設

※各種資料により作成

線を浴びている。ITになじみがない人のために説明しておくと、バーチャルユーチューバーとは、CGアニメキャラクターを用いた動画配信のこと。近年は技術の進歩によって、音声に合わせてリアルタイムでキャラクターの表情が変わったり動作を表現することができる。茨ひよりもそのうちのひとりだ。

さて、話を戻そう。大規模リニューアルを図った「いばキラTV」は、民放のPR番組のような既存の魅力を発信するだけでなく、より動画コンテンツとして楽しめる番組作りを目指している。たとえば、甲子園やインターハイといった県内で行われる地方大会の実況中継だったり、茨城出身のアーティストによる演奏だったりと、地元に関連する事柄をテーマに、より娯楽性を高めている。

そのなかで、最も人気を集めているコンテンツが「いばらきペロリ」という大食い番組だ。ますぶちさちよという大食い美女をメインキャストに据え、県内各地の飲食店で大食いチャレンジをするというもの。アップされている番組数こそ少ないものの、再生回数は10万回を超えることもある。約18キロのスタミナラーメンだったり、約３キロの奥久慈しゃも丼などを食す様子が好評を得ている。その甲斐あって「いばキラＴＶ」のチャンネル登録者数も12万人を突破。自治体のユーチューブチャンネルでは全国でも有数の人気を誇っている。

だが、この大食いチャンネルが茨城の魅力を発信しているかどうかはビミョー。ネットの大食い番組に人気があるのはわかる。でも、グルメ番組として見ると、大量のラーメンや親子丼って美味そうには見えないし、大食い系って「食ってみたい！」と思わせるコンテンツではないような気がする。そもそもメインキャストも横須賀の出身だし……。

個人的には原稿を噛みまくる茨ひよりちゃんの方が好きなんだけれど、いかんせん再生回数は多くて２万程度。このままじゃ、ただの大食いチャンネルになってしまいそうで不安なことこの上ない。

関東最下位は茨城が常習化したためか

茨城の魅力度が上がらなかった理由として、何につけても「関東最下位」というイメージが定着してしまった可能性も指摘したい。

街の情報サイト「Jタウンネット」が関東のヒエラルキーをテーマに「最下位はどこ?」というアンケート調査を行ったところ、茨城が37・6パーセントで断トツだった。次いで群馬24・8パーセント、栃木16・3パーセントと続き、大方の予想通り、北関東3県だけで約8割の占有率がある。

東京の1位は当然だし、さわやかでクリーンなベイタウン・横浜を擁する神奈川が2位なのもうなずける。3位争いは千葉と埼玉がし烈な争いを繰り広げているが、観光であれば千葉で、ベッドタウンなら埼玉と、どこに比重を置くかで順位が変動する。ここまでは茨城県民もまあ納得の上だろう。

だが、屈辱的なのは群馬に10ポイント以上、栃木に20ポイント以上もの差をつけられている点である。確かに観光スポットでは群馬と栃木に一日の長があるとはいえ、総合的に考えれば茨城なはず（と県民は思っている）。本来なら圧勝してもおかしくないはずなのに、ここまで下に見られるいわれはない（と県民は思っている）。

なぜこのような現象が起きたのかを考えると、やはりその元凶は魅力度ランキングにあるのではないだろうか。何せ毎年最下位というインパクトはことさら強い。しかも北関東3県はライバル意識が根強く残っており、何かしらマウントをとったら優越感を覚えやすい。争いは同じレベル同士（本来は茨城の方が上なのかもしれないけど）で起きやすいともいうし、3県のポジションを確定づける要素が曖昧すぎて、これまでは明確にどこが上でどこが下という基準があまりなかった。そこに魅力度ランキングというわかりやすい指標が登場し、やがてそれが基準となり、〝最下位イメージ〟が定着してしまったのではないだろうか。

つまり、最下位をとるたびにイメージばかり強化されて、実態を深く知らないにもかかわらず、「茨城＝最下位」がひとり歩きを始めてしまったものと考

関東のヒエラルキー

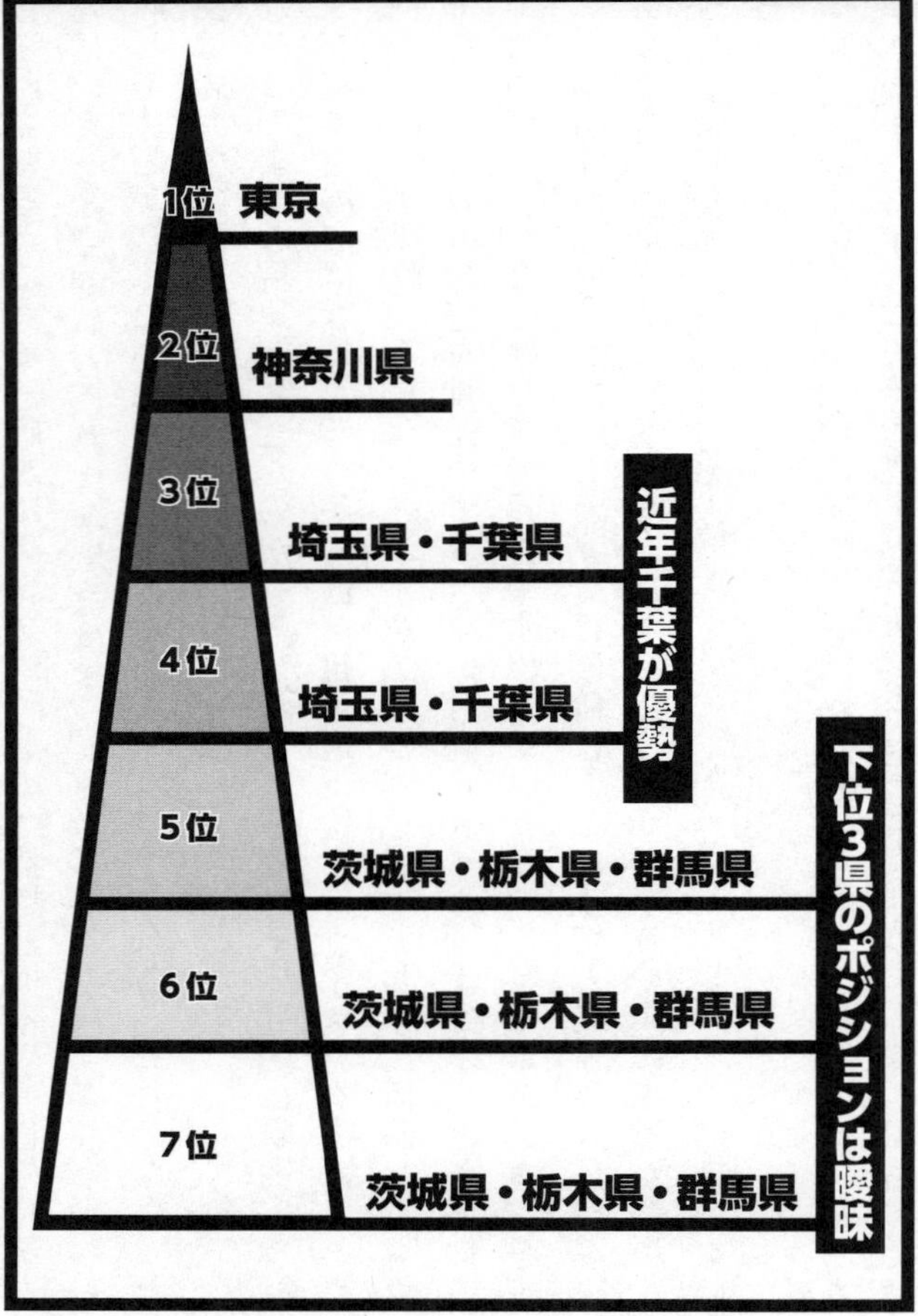

1位 東京
2位 神奈川県
3位 埼玉県・千葉県
4位 埼玉県・千葉県
5位 茨城県・栃木県・群馬県
6位 茨城県・栃木県・群馬県
7位 茨城県・栃木県・群馬県
近年千葉が優勢
下位3県のポジションは曖昧

えられる。一部の県民が「もう最下位ってところが魅力だよ」とあきらめムードになってしまったのも、こうしたイメージの強化サイクルを理解しているからかもしれない。一度貼られたレッテルを剥がすというのは、思ったよりも困難なのだ。

県民性のせいでどうもイメージが悪い

最後に県民性について指摘しておきたい。だいたい県民性の本を読んでいると、「茨城県民が不愛想だったり怒っているように見えるのは方言のせい」なんてフォローされていたりする。これは県民性の祖ともいえる祖父江孝男氏の指摘をなぞらえたものだが、個人的には、茨城県民が不愛想に見えるのは、何も方言だけのせいではないと思う。むしろ愛想がないのは茨城のスタンダードではないかとさえ思っている。

まず何よりも笑顔がない。コンビニしかり居酒屋しかり、商店であればスマイル０円、笑顔で出迎えるのが常識だと思っていたが、どうも茨城ではそうでもない。水戸出身で、全国のレストランなどで修行したという居酒屋店主はこう証言していた。

「茨城の男はヘラヘラすんなって教えられることが多いのよ。だから白い歯出して笑うのは仲間うちだけ。女の子はそうでもないけど、男は頑固一徹がカッコイイと思ってんだな」

その店主も全国を修業して回ってから茨城に帰ってきて、ハタとそのことに気づいたらしい。笑顔がないから、どうも第一印象がよくない。道ばたで声をかけて、多少話が盛り上がってるはずなのに、顔は全然笑ってないということもある。心理学的にいえば第一印象が怖いと、その後の印象も悪いまま。あとで印象を覆すのは難しいらしい。その上で、ぶっきらぼうな方言が重なるので、余計に印象が悪くなる。

こうした県民性は県内各所で垣間見えるが、やはり県央（水戸）でことさらに強く感じられた。東京のベッドタウン色が強い常磐線（土浦まで）やつくばエクスプレス沿線だったり、転勤族が多い鹿嶋や神栖あたりは、人種のミックスも進んでいるので、茨城色が薄まって、多少愛想も身につけているのだろう。

茨城県の県民性

怒りっぽい・飽きっぽい・理屈っぽい
保守的
真面目で実直、正義感が強い
ぶっきらぼうで寡黙
融通が利かない
粘り強いが時にあきらめが早い

※祖父江孝男著「県民性文化人類学的考察」など複数の資料を参照

だが、その一方でこうした人種混合都市では、県央にはない不真面目さというか、ルールに縛られない県民性もある。たとえば対向1車線なのに遅い車を追い越していくのはたいてい土浦ナンバーだし、そもそもにして県南は犯罪発生率が高い傾向がある。これもイメージ的にはあまりよろしくない。

このように茨城県民は、本人の意識はどうあれ、全体的に悪い印象を持たれやすいのだ。

茨城県のスゴいトコ①
所得水準は東京をしのぐレベル

県民に実感はないけど実はけっこうお金持ち！

本書制作のために探し出した茨城の強みのなかでも、他県がうらやむであろうデータが実収入だ。42頁の表を見てほしいが、茨城はなんと堂々2位！しかも、東京や神奈川といった決して追い越すことのできないビッグシティよりも上に立っている。北関東のライバルともいわれる栃木や群馬なんてはるか下方。収入面では肩を並べるどころか、後ろ姿さえ見せないぶっちぎりの独走ぶりである。関東のヒエラルキーで最下位なんていったヤツはいったい誰だ！

だがしかし、いったいどういうわけで茨城の実収入がこれほどまで高い水準にあるのだろう。だいたい東京や神奈川などの大都市よりも茨城の方が上なんてことが本当にあり得るのだろうか。筆者の要領の悪い頭を使ってみたところでナゾは深まるばかりなので、百聞は一見に如かずということで地元民に質問をぶつけてみた。

結果からいえば、どれだけ聞いて回っても誰からも納得のいく答えを聞くことはできなかった。それどころか地元民さえ頭をひねって「はて？」と考え込む始末。本人たちにとっては喜ばしいデータのはずなのに、素直に受け止めきれない人の方が圧倒的に多かった。

そんななか、取材で訪れた鹿嶋民が大きなヒントをくれた。「おそらく茨城は世帯構成が大所帯だからじゃないかな。たぶん東京や神奈川あたりじゃ核家族とかが多いんだろうけど、茨城はまだまだひとつの世帯に二世代、三世代が同居していることも多い。なかには親戚と一緒に住んでる人もいるぐらいだから」と、くわしく解説していただいた。

というわけで、さっそくもろもろのデータを改めて探ってみることにした。そもそも実収入というのは世帯ごとに計算される税込み収入を指している。社会人でいうところの〝額面〟というやつだ。そして実収入は世帯ごとに計算さ

都道府県実収入ランキング

順位	都道府県	実収入
1	石川県	651.2
2	茨城県	628.2
3	埼玉県	624.1
4	山口県	616.0
5	福島県	611.8
6	福岡県	610.3
7	山形県	604.3
8	東京都	593.0
9	富山県	590.9
10	福井県	586.5
11	佐賀県	584.3
12	滋賀県	577.6
13	千葉県	567.0
14	愛知県	563.0
15	大分県	560.5
16	神奈川県	558.4
17	島根県	558.3
18	高知県	558.1
19	栃木県	557.3
20	奈良県	554.8

※単位＝千円　※勤労者世帯１世帯当たり１カ月間　※実収入が同じ場合、小数点２位以下の数値で順位付け
※総務省「統計でみる都道府県のすがた 2019・家計」参照

れるため、ひとつの世帯で何人働こうが関係ない。つまり、県民1人当たりの収入というわけではなく、その世帯の総合的な収入ということになる。

そこで、茨城の世帯構成を調べてみると、核家族世帯割合は57・4パーセント、核家族以外の世帯割合は13パーセント。割合としては圧倒的に核家族が多いが、三世代世帯の割合だけを見ると、関東1都6県では栃木に次いで割合が高い。つまり、茨城では祖父母から孫世代までの家族が一緒に住むケースが高いのだ（だから家も広いんだね）。それだけ世帯人員も多くなるので実収入が上位に来るのも当然なのかもしれない。セレブというより家族総出で働く茨城民を想像すると、なんとなくホッとした気分（？）だったが、そこでひとつ疑問が湧いてくる。じゃあ、1人当たりの収入ってどーなってんのよ？

県民1人当たりの収入を探るうえで参考となる指標はいくつかあるが、県全体の数値なら、厚生労働省が発表している1人平均月間現金給与総額が適している。2016年の同データによると、茨城は男性33万4900円で全国6位、女性23万6800円で全国10位。なんと男女ともにトップ10入りを果たしているではないか。茨城より上位にいるのは、上から順に東京、神奈川、大阪、愛知、京都の5つ。東京は当然として、それ以外も大政令市を抱える自治体ばかりだ。関東の3位争いを演じる埼玉は8位、同じく千葉は11位と茨城の後塵を拝している。実収入が多いのは三世代世帯が多いからだけではなく、1人当たりの収入水準が高いことも大きいのだ。皆でしっかり稼いで、家全体が潤うなんていいことづくめではないか。県民はそれほど実感していないみたいだけれど、ナチュラルに裕福だなんて、何だかうらやましいぞ!

高収入は県央から県南にかけてで南北格差は歴然

では、県内のどこが金持ちエリアなのかを探ってみた結果が46~47頁の「茨城県市町村の平均年収ランキング」。これは各市町村が課税対象にする額を人口1人当たりの割合に変えたもの。諸税や控除などを差し引いたもので、実際に支出に使える金額に近い。そのため、各市町村の所得を探るうえでわかりやすい指標になるのだ。

さっそく上から見ていくと、やはりトップに立つのはつくば市。研究学園都市にして、市内にはネームバリューのある企業が集積している。ちなみにつくばの住宅街を走っていると車はたいていプリウスクラスより上。外車もそれなりに並んでいたから、県内屈指のハイソサエティといえる。２位につけるのは守谷市だが、こちらは完全なる東京の衛星都市。つくばエクスプレスに乗って通勤する人たちのベッドタウンである。都内の高い給与水準に引っ張られて県内でもトップクラスの所得を叩き出している。３位の牛久市も街の構造としては守谷市と大差はない。牛久市は昭和期からニュータウン開発が進んだエリアで、今も人口が増加傾向にある。ただ、守谷市と所得で40万円の開きがあるのは、そもそも地代の安さに惹かれて移住してくる層が多く、ミドルクラスの住民が多いからだろう。続く４位の東海村を上位に押し上げているのはまぎれもなく原発マネー。近年は再稼働に揺れているが、それでも原発関連企業などが林立しており、村民（原発企業の従業員含む）への恩恵は大きい。そして５位にようやくお目見えしたのが県都・水戸市。県下最大の商圏を築いてはいるが、その多くはロードサイド店舗や郊外型ショッピングセンターばかりで、市街地の空洞化が著しい。街の経済があまり上向いていないためか、近年は所得がお

茨城県市町村の平均年収ランキング

順位	市町村	平均年収
1	つくば市	3,780
2	守谷市	3,751
3	牛久市	3,366
4	東海村	3,358
5	水戸市	3,275
6	ひたちなか市	3,230
7	日立市	3,212
8	龍ケ崎市	3,141
9	神栖市	3,139
10	美浦村	3,136
11	土浦市	3,123
12	つくばみらい市	3,119
13	取手市	3,074
14	鹿嶋市	3,056
15	阿見町	3,001
16	かすみがうら市	2,905
17	那珂市	2,870
18	常陸太田市	2,866
19	古河市	2,857
20	五霞町	2,822
21	石岡市	2,807
22	結城市	2,785

※単位＝千円　※2013年度の各市町村の課税対象所得を納税者数で割って計算
※総務省「市町村税課税状況等の調、納税対象所得（納税義務者数一人当たり）」参照

順位	市町村	平均年収
23	北茨城市	2,753
24	潮来市	2,750
25	高萩市	2,736
26	利根町	2,735
27	笠間市	2,730
28	筑西市	2,724
29	常総市	2,716
30	境町	2,712
31	小美玉市	2,707
32	常陸大宮市	2,687
33	行方市	2,674
34	下妻市	2,662
35	稲敷市	2,657
36	八千代町	2,648
37	桜川市	2,635
38	大洗町	2,633
39	茨城町	2,632
40	坂東市	2,626
41	城里町	2,599
42	河内町	2,559
43	鉾田市	2,551
44	大子町	2,333

※単位＝千円　※2013年度の各市町村の課税対象所得を納税者数で割って計算
※総務省「市町村税課税状況等の調、納税対象所得（納税義務者数一人当たり）」参照

おむね横ばいにある。街の勢いを増しつつある6位のひたちなか市に抜かれてしまう日も近いかもしれない。

さて、ここまで所得上位の街を見てきたが、やはりというか県央から県南に集中している。ランキング下位に名を連ねているのは軒並み県北から県西エリアの街だ。今に限った話ではないが、改めて茨城の南北格差を実感せざるを得ない。ただ、ここにはちょっとしたデータの粗で、見た目上で下位に沈んでいるだけの街もある。たとえばワースト2位の鉾田市は、農業産出額で県内トップ、全国1位の品目も少なくない一大農業タウン。ひたちなか民の言によれば、「鉾田にはけっこう大きな家も見かけるよ。農家の息子がベンツに乗ってたりもする」そう。先のランキングはあくまで課税対象となる所得の金額であり、課税対象外の所得は含まれていない（ここで税法上の話題をしても馬脚を露すだけなので、この辺でやめておくことにしよう）。いずれにしても鉾田市などに代表される農業が盛んなエリアでは、総合的な数字だけでは見えてこない「例外」もまぎれている。つまりそれは、地域によっては貧富の差が大きいということなんだろうけどね。

労働力率が最低クラスで危機的状況な日立市

県央から県南にかけての茨城県民が潤っているのはまぎれもない事実だが、視点を変えて各市町村の実情を調べてみると、将来的な不安を抱えている都市はある。たとえば労働人口関連の指標を参考にすると、とくに危険なのが日立市だ。先の平均年収ランキングでは７位につけており、比較的収入の高い住民が多いが、街自体はギリギリで持ちこたえているような状態なのだ。

企業城下町として戦前から発展してきた日立市だが１９７０年代をピークにして年々人口が減り続けた結果、現在の労働力率がわずか53・７パーセントにまで落ち込んでしまった。これは県内で利根町に次ぐワースト２位。利根町はそもそも産業も少なく、人口も少ないため、ある意味では仕方ない面もあるが、日立市の場合は県内でも指折りの工業都市。いくら斜陽にあるとはいっても工業だけで１兆円以上も稼ぎ出す街の浮沈は茨城全体にとっても無視できない。リーマンショックなどによる日立関連企業の不振が原因ではあるが、完全失業者数も増加傾向にあり、街の活気も失わている今、日立市の未来は県をあげて議論されるべき大問題だろう。日立の衰退は後にくわしくお話するが、あの近未来然とした日立駅前の姿からは想像できないほど、現実は厳しい。

一方で、鹿島臨海工業地域の中心地区である神栖市や、つくばハイテクパークいわいが立地する坂東市などは、労働力率が約65パーセントと高い数値を示している。坂東市は人口減少傾向だが、それでも工業団地周辺にはまだ工業用地に転用できそうな農地があったりする。残る分譲地は1・2ヘクタールほどだから、仮に工業団地を拡大して企業を誘致できれば、移住者獲得にもつながるわけで、まだまだ坂東市にはポテンシャルが眠っている。ただ、農地の転用は地権者などの意向もあるから一筋縄ではいかないが、その高い労働力率を維持していくうちに、陸の孤島化が解消されでもしたら、街はさらなる成長を期待できるはずだ。

未来より今が最優先！　金遣いがけっこう荒い茨城県民

最後に茨城県民が高い収入を何に使っているのかに触れていこう。真っ先にいえるのは茨城民は決してコツコツ貯金をするタイプではないということ（個人差はあるけどね）。1カ月の平均消費支出は全国2位。物価が高い東京よりも多いのはけっこう驚きだ。

なかでも支出割合で目立っているのが被服及び履物費（全国8位）。いわゆるファッション関連商品である。正直イメージだけでいわせてもらって申し訳ないが、茨城とファッションはどうやっても結びつかない。気候は全体的に穏和だから、必要に駆られて支出が増えるわけでもないはずだ。市街地を歩いてみてもオシャレ（と思われる）な人はあまり見かけなかったし、むしろジャージ姿のヤンキーっぽいニイチャンがいまだに闊歩していることに、タイムトラベルした気分にもなったものだ。だが、よーく観察してみると実はジャージがブランド物だったり、水戸市内でよく見かけた女子高生の毒々しい柄のリュックが、ネット上では数万円で売られていたりもしている人気商品。洗練されているワケでも何でもないのに、多少金はかかっても、ブランドやメジャー路線に乗っかりがちなのだ。そういえば「なめんなよ茨城」で大使を務めていた芸人はふたりとも渡米しちゃったし。どうも茨城県民のファッション浪費癖は、こうしたメジャー志向が根底にあるのかもね。

一方で、本当に必要だと思われる生命保険などにはほとんど入らない。加入率は全国最低レベルで、保険医療費の支出割合なんて全国46位。将来もらえるかどうかわからないものに支出するより、金で現物を買う方を好むようだ。けっこう茨城県民はリアリストである。

食料費割合も全国44位とかなり低い。まあ、近所で食材（野菜とか）をもらえるっていう地域もあるんだろうが、生活する上での出費にはけっこうシビア（ケチ？）な一面もある。普段の移動で利用するのはもっぱらバスかマイカー。ゆえにタクシーへの出費は全国で2番目に低い。茨城県民は自尊心を満たすための出費には糸目をつけないが、生活や未来への投資には極めてシビアだ。実りはなくとも名をとるのが茨城県民のスタンダードといえるだろう。

高収入は茨城の強みであり、豊かな県だということを示す直接的なデータともいえる。そんなわけで、もう少し計画性をもったお金の使い方をしてもいいと余計なお世話で思うのだが、たぶん「知ったこっちゃない」と一蹴されるのがオチではある。

茨城県のスゴいトコ②
住めるところが多くて家が広い！

豪農や工業を育む茨城の抜群な地勢

巨大消費地・大東京が目前に控えた茨城県では、農業が実に盛んだ。平成29年の農業産出額は４９６７億円で北海道、鹿児島に次ぐ全国3位。全国ナンバーワンに輝く主要品目を挙げたらキリがない。また、畜産の産出額も１３３６億円（平成29年）と全国6位にランクインする。また、農業就業者１人当たりの産出額は５５４万円（同）で、これも全国6位。さらに、県内総生産（名目）に占める第１次産業の総額は２７０３億円（同）で、これは全国2位。県内の産業別構成比で第１次産業のそれは２・１パーセント（全国14位）とけっして多くないのに、見事な数字を叩き出している。後継者問題は非常に深刻で、両手を挙げては喜べないが、営農県として担い手を呼び込む、育成する手はあるはずだ。

と、いきなり茨城の農業アピールをしたわけだが、豪農というにふさわしい農家が多い茨城県には、相応の立派な屋敷を構えている世帯が少なくない。

とにかく広い土地に、防風林などを備え、それに守られるように昔ながらの日本家屋が鎮座し、庭（駐車場）にはそこへ暮らす大人の数以上の自家用車（1台は軽トラック？）が停まっていて、番犬然とした大型犬が外で飼われ……そんな風景は県域のあちらこちらで見ることができる。また、跡取りがなく農家はやめてしまったけれど、土地を切り売りする必要もないから、そのまま広い屋敷に住んでいる、というご老輩も多い。これが戦後から高度経済成長期、そして現在に至るまで、東京を食の面で支えてきた茨城農家の、リアルで正しいライフスタイルである。

他方で茨城は、日立製作所や鹿島臨海工業地帯などを筆頭に工業も盛んで、製造品出荷額等（平成29年）は12兆2525億円と全国8位にランクしている。第2次産業もまた盛んな県だ。

都道府県住宅の敷地面積ランキング

順位	都道府県	敷地面積（㎡）
1	茨城県	425
2	山形県	408
3	岩手県	404
4	栃木県	375
5	秋田県	374
6	富山県	370
7	福島県	369
8	長野県	357
9	群馬県	355
10	宮城県	353

※総務省「統計でみる都道府県のすがた 2019」参照　※データは 2013 年のもの
※敷地面積が同じ場合、少数点以下の数値で順位付け

ここで改めて産業の話をしてしまったが、こうした営みができるのは、そもそも風土がよいからに他ならない。まず何よりも県域の地勢がいい。

茨城県は広い関東平野の北東部に位置し、面積のおよそ3分の2が低地（平地）や台地が占めている。山といえるのは、北部の阿武隈山地、南端が名峰・筑波山へと至る八溝山地くらいで、平坦な土地に恵まれている。また、農業に不可欠な水を運ぶ河川も豊かだ。要するに、山地は確かにあるが、暮らすのにも、生計を立てるため

の場としても、茨城は実にすばらしい具合なのである。

もう少しだけ茨城の土地柄の詳細を紹介すると……年間日照時間の２１４５時間は全国16位、年間の快晴日数45日は同３位、年間降水量１１２７ミリは同46位（いずれも平成29年）。こうした特徴（安定した気候）も茨城の産業を下支えしているわけだ。

高緯度の北部ほど冬は寒く、また沿岸部は風が強い。冬はまた、山地の東側には「つくばおろし」ほか「からっ風」が吹き下ろして乾燥と寒さを倍増させる。広い平地は寒風をもろに食らってしまうが、雪深い厳冬期があるわけではないから、まずまず気候的に暮らしやすい県でもある。

敷地面積は日本一！　でも住宅は広くない？

暮らしやすい茨城の総面積は、約６０９７平方キロメートルと全国24番目で真ん中くらい。それが、林野や湖沼面積を除いた「可住地面積」に限るとグンと順位を上げる。面積たるや、県域の約65・２パーセントに当たる約３９７５

平方キロメートルで、この広さは全国で４番目だ。住める土地が広いのだから農業県として発展したのは必然。東京のベッドタウンとしての潜在能力（とりわけ県南地域）も抜群というわけだ。

働く土地も住むための土地もふんだんにある茨城は、とくに旧家であればあるほど、住宅が建つ土地が広い。都市部以外では、広〜い土地にポツンと一軒屋状態の家もよく見かける風景だ。

総務省の「住宅の敷地面積（1住宅あたり・２０13年）」によると、茨城は平均４２5平方メートルで全国首位。広さを何かにたとえるならば、６コース程度の一般的な小学校の25メートルプールよりも広い計算になる。

しかし、歴とした茨城人は知恵もまわり、将来の面倒な住宅管理や固定資産税、相続税などを考え、広い土地があるからといって、どでかい住宅を建てたりはしない。もっとも、駐車スペースや農機具などを置く納屋、家庭菜園のスペースも敷地内にほしいから、広い土地があっても家ばかりを大きくするわけにもいかない事情もある。ちなみに、茨城県民の1世帯当たりの乗用車保有台数（軽自動車含む）は1・６0台（２０1６年3月末）で全国６位である。

茨城県市町村の住宅面積ランキング

順位	市町村	平均住宅面積（㎡）
1	行方市	143.81
2	八千代町	141.96
3	桜川市	141.74
4	稲敷市	132.29
5	常総市	131.48
6	境町	130.79
7	鉾田市	130.36
8	坂東市	129.57
9	常陸太田市	128.52
10	大子町	127.97

※総務省「住宅・土地統計調査報告 2013」参照　※河内町と五霞町はデータ不明

総務省データによれば、「持ち家住宅の延べ面積（1住宅当たり、2013年）」で茨城は131・1平方メートルと全国26位にとどまっている。平均が90・7平方メートルの東京よりずっとずっと広く、全国平均の122・3平方メートルよりも確かに広い。決して「ウサギの寝床」ではないけれど、栃木は134・2平方メートル、群馬は133・1平方メートルだから北関東3県で最小だ。

もっとも、核家族化が進むと同時に高齢者世帯が増えた今、茨城県1世帯当たりの人員は平均2・

３９人（２０１８年１月、全国13位）と、身の丈に合った暮らしをしているともいえる。なお、「持ち家の居住室数（同）」は５・９９室と、こちらは全国28位。ともかく「およそ１３０平米で６室程度ある住宅に２～３人暮らし」が茨城中間層の現在地なのだ。

「大学進学で東京へ出て最初の就職も向こうでしたんだけど、あっちの借家暮らしは今にしたら息が詰まっちまうね。狭いし、隣が近すぎっぺよ。こっちで暮らすなら、まぁ５～６部屋ある２階屋っつーのが普通じゃねぇの。俺はそれに小さな小屋みたいなのも建てて、そこにこもって趣味の時間を楽しんでんだわ。結構なローンはまだまだあっけどなぁ」

東京での生活を経験した40代後半、今は県央で田舎暮らしをする妻子持ち男性の声である。

このように、とりわけ茨城へＵターンした男性は、実家で暮らす（およそ長男やひとりっ子に多い）、あるいは実家近くに自分の家を新築するケースが多い。そして家の広さ、自分だけのスペースを確保できる暮らしに安堵の声を漏らすのである。茨城人にとって、１３１平米くらいが適当な広さなのだろう。

戸建て・持ち家が多く空き家も大きな問題に

かつて実家が農家だったという70代男性に、茨城の住宅事情を聞くと、豪農のポツンと一軒屋が思い浮かぶという。

「農業は土地ありき。昔は借金して畑や田んぼを広げて、自分らが住む土地も広くしたもんだ。トラクターだって倉庫だって必要だっぺ？　だがら、土地は広くなきゃ話になんねぇの。今だって、外国人技能実習制度を使って外国人を雇ってる農家は、どんどん農地を広げてっぺよ。雇った外国人のためにアパートみてえな住宅を建てたって人もいっからね。自分らが住むのは平屋だけど、同じ敷地に2階屋があったりすんだわ」

団塊世代の茨城人、とくに農家の家は瓦ぶきの平屋が一般的。それを守り続けている家もある。

前出男性は続けて「2019年の台風19号やその後の豪雨のとき、役人やテレビは『お2階に避難してください』なんていってだっぺ？　そんなごといわれたって、この辺じゃあ2階がねぇ。平屋のほうが多がっぺよ。だいたい足腰

茨城県の可住地面積

順位	都道府県	可住地面積(k㎡)
1	北海道	21,901.21
2	新潟県	4,482.39
3	福島県	4,218.29
4	茨城県	3,975.98
5	岩手県	3,710.14

※総務省「社会生活統計指標2008」参照

が痛くて2階にすいすい上がれねぇつーんだよ」。

甚大な自然災害が増えた近年、茨城オールド住宅は想定外の弱みを抱えている。それでも災害時に「おっかない」都会のタワマンなんぞより、平屋は安全だろうし、家屋としての魅力もある。

茨城県には112万6600戸の住宅（2013年、以下同）があり、そのうち一戸建ては81万4800戸と72・3パーセントを占める。これは首位・秋田県の79・8パーセントから数えて14番目。群馬県より低く栃木県より高い。市町村別で一戸建てが85パーセントを超えているのは10市町。トップは96・8パーセントで利根町。行方市と鉾田市も9割超で、以下、大子町、八千代町、城里町、常陸太田市、稲敷市、桜川市、坂東市が続く。総じて、およそどこも農村地帯、あるいは山林を多く抱える自治体ばかりだ。

また、茨城県の持ち家率は約71・3パーセント。こちらの首位は79・4パーセントの富山県。市町村別では、一戸建て率の高い市町がいずれも上位にランクし、96・8パーセントの利根町が2冠達成。行方市、大子町、鉾田市で9割を超えている。これだけの戸建て天国というのは、都会にはない魅力といってもいいだろう。

ただ、問題点もあげねばなるまい。大きな社会問題となっているのが空き家だ。茨城には19万7200戸あり、全国22位（2013年）。長野県とほぼ同数、栃木県や群馬県より3万戸以上多い。とりわけ美浦村、鉾田市、鹿嶋市では全住宅の2割超が空き家という事態に陥っている。継がれていかぬ住宅問題は、鉄道駅があるなど交通の便がよい一部の都市部を除き、茨城の多くの世帯に内在しているといっていいかもしれない。まあ、それも家の多さを物語ってるんだけどね。

現在も大規模な農業をしている、祖父の代くらいまで農業をしていたという世帯は、とにかく家を構える敷地が広く家屋も立派だ

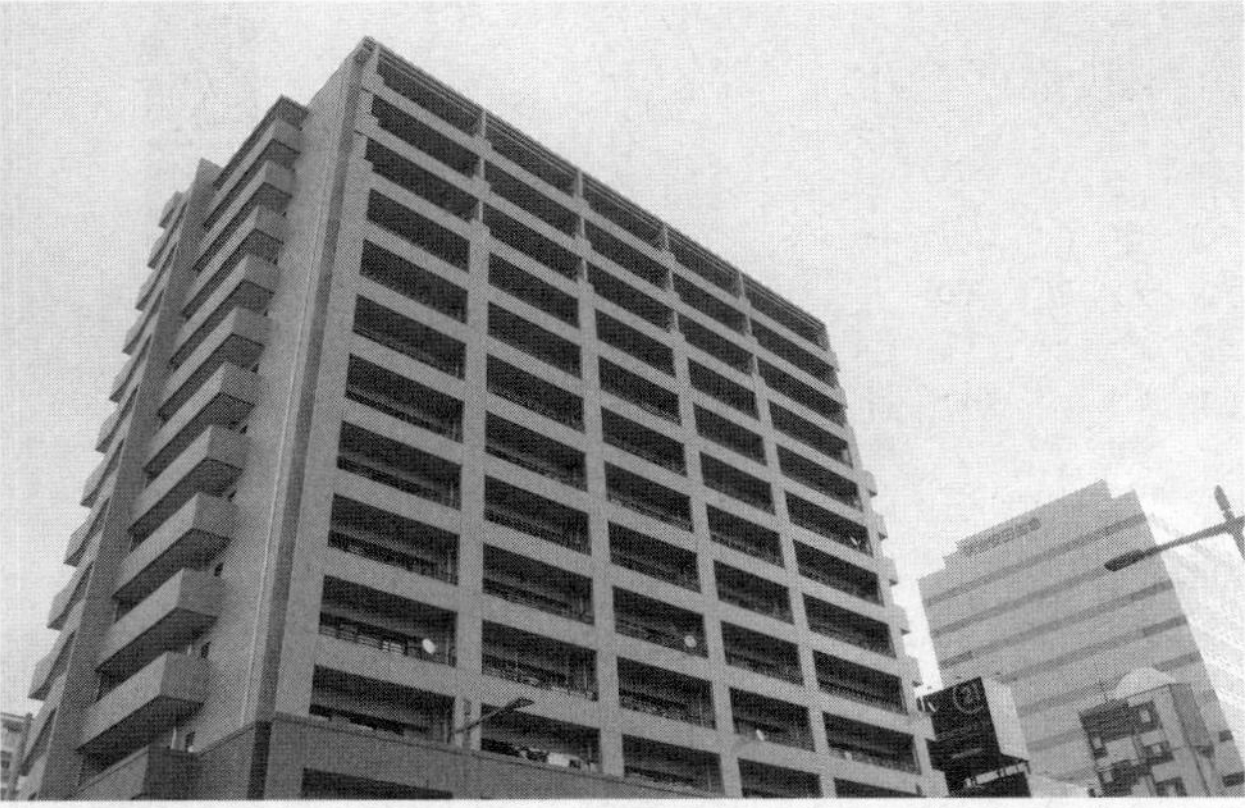

転勤族も少なくない水戸市など一部の都市部には高層マンションもあるが茨城全体では少数派だ

茨城県のスゴいトコ③現役世代が多い年齢構成

地方としては生産年齢人口が多い

農業や工業が盛んな茨城県では、労働力となる15～64歳の生産年齢人口がモノをいう。県の強みでもある各種産業を持続させていくためには、働き盛りのマンパワーが欠かせないからだ。

そこで、県内の年齢構成を見てみると、生産年齢人口比率は58・9パーセントで全国13位。「たいしたことないじゃん」って思われるかもしれないが、茨城より上位の都道府県は、東京都市圏の1都3県に加え、宮城、愛知、大阪など軒並み大都市圏の中心地ばかり。大都市圏に含まれない地方に限ってみれば、かなり上位にあたる。人口減少社会といわれるが、茨城はまだ踏ん張っているし、高齢化社会に対抗しうるパワーをもっている。

とくに男性の「20〜24歳→25〜29歳」の年齢層において、転入超過の傾向が高い。多くは就職や転勤などの働き口を求めて移住してくる層だ。これは1970年代から一貫した茨城の特徴でもある。また、人口増減率でもっとも高い数値を示したのは40〜44歳の「ポスト団塊ジュニア世代」。ちょうど中間管理職などの役職だったり起業にも適した年齢で、子育ても落ち着き、バリバリと働ける世代でもある。茨城は田舎と見られがちだが、首都・東京とも無縁ではなく、人材の活用次第によってはまだまだ成長の余地を残している県といえるだろう。

一方で、課題として挙げられるのは「15〜19歳→20〜24歳」の大幅な転出超過。ちょうど大学進学と就職というライフステージの転換点で、茨城をあとにする若者が多い。名門の筑波大学や、教育者育成に定評のある茨城大学を擁しているが、大学の選択肢はそれほど多くない。ましてや東京から近いとはいえ、都内の大学に通うにしてはそれなりに時間もかかる。つくばエクスプレス沿線の街ならいざ知らず、県央の水戸や県北の日立といった街から通学するには交通費もかさむから、ひとり暮らしを選んだ方がメリットが大きい。筆者の周囲にも茨城からの上京組がいるが、いずれも県央や鹿行エリアから。彼らは進学とともに上京し、そのまま都内で就職を決めている。ただ、この世代の転出傾向を食い止めようとするのは、ほぼ不可能だ。すでに飽和状態となっている大学を今から増やすわけにもいかないし、かといって東京に負けない就職先を確保するのは容易じゃない。まあ、そもそも東京の魅力には抗えないんだけど。

というわけで、進学での県外転出はある程度目をつむっておいて、就職の際にどれだけ上京した若者を引き戻し、さらに県外からの就職者数を増やすかが今後のカギを握りそうだ。

人口の長期的推移をみると、2005年~2010年にかけて、転出傾向が弱まった時期があった。これはつくばエクスプレス開業と、つくば市の隆盛によるものだろう。筑波大で学んだ学生たちがそのまま県内の企業や研究所に就職するという好循環も生み出していた。ただそのまま順調に成長するかに見えたが、東日本大震災の影響でペースは鈍ってしまった。

そこで、若者世代を惹きつけるためには、つくばに次ぐ新たなビジネスシティを創出する必要がある。いつまでもつくば頼みでは、先細りしていくのは目に見えている。カギを握るのはやはり水戸だろう。県下最大の商圏を築いてきた水戸だが、近年は駅前の大型店舗の撤退が相次ぎ、産業の空洞化が叫ばれている。ただ、それだけ土地が余っているということは、今までとは異なる再スタートを切るキッカケにもなる。そのことに気づいたのかどうかはわからないが、水戸ではこうした空き地にオフィスビルを建てる予定で、企業立地を推し量ろうとしている。ただ、闇雲に企業を誘致するというよりも、何かの業種に絞って特色あるビジネスシティを築くことができれば、つくばに対抗しうる街へと生まれ変わることもできるだろう。そのためにはドラスティックな変革が必要で、今まさに決断の時を迫られている。場当たり的な開発で魅力が乏しくなってしまった水戸が復活を遂げれば、茨城はもっと豊かになるはずだ。

故郷に戻りたい男性と出ていったきりの女性

都内で働く茨城出身者に話を聞いていると、男女による意識の違いを痛烈に感じる。筆者の知人で、水戸出身の30代男性は次のように語る。

「最近になって、いずれは実家に戻りたいっていう気持ちが強くなってきた。ただ、こっちで就職してマンションも買って、まだ子育ても終わってないから、おいそれとは帰れない。それに向こうに行って仕事はどうすんだって問題もある。だから戻るとしたらもう少し先になると思う」

Uターンには前向きだが、事情がそれを許さないジレンマがそこに垣間見える。上京組は、若い頃は故郷のことなんて気にもしていなかったはずだが、長い都会生活に倦み、疲れ、故郷が恋しくなってくるのだろうか。それとも加齢によって、茨城に自身のアイデンティティを強く感じるようになるのか。千葉出身の筆者もおっさんになるに連れ、同様の思いを奥底に抱くようになっているから、先の言を聞くと何ともセンチメンタルな気分になる。

仕事もまだ現役バリバリで、ある程度のポジションについた上京組の多くは、似たような感情を抱いているように思う（それは茨城に限らず、地方からの上京組に共通していることだろうが）。こうした人材が地元に戻り、活躍できる場があれば、茨城に限らず、地方全体のプラスになることは間違いない。

東京は大学卒業後の社会生活も含めた修業の地で、そこで学んだ最先端のノウハウを茨城に還元する。そんな動きが活発になれば、それこそ茨城の魅力度アップにもつながるのではないだろうか。

さて、茨城男性がそんなロマンティックな思いを抱くなか、茨城女性は極めてドライである。神栖から上京したという30代女性に先のUターン希望の男性の話をしたところ、開口一番「えー！　地元に戻ったってしょうがないじゃん。だって何もないよ」と一笑に付されてしまった。実は茨城で県外への転出がもっとも多いのは20代女性。出ていったきり戻ってくることはほとんどなく、東京や神奈川でのシティライフを謳歌している。その女性は東京西部に住んでいるそうだが、「次に住むなら川崎か横浜かなー」と、茨城（神栖）のことはまるで眼中にない。先の男性と同じ世代にもかかわらず、そこにまるっきり郷土愛が感じられなかった。

ちなみに茨城県が行ったアンケート調査でも20代女性の県外脱出意向は強い。水戸の某ＯＬは「できることなら東京に転職したい」と話していたので、「今は人手不足だから職を選ばなければいくらでも転職できますよ」と教えてあげ

全国どの街も高齢化の波からは逃れられない。でも、茨城の高齢者って意外と元気だよね？

ると、「えーじゃあ本気で考えてみよっかな〜」と目を輝かせていた（余計なことを言ったかな）。そんな軽いノリの茨城女性の意識をどう定住に向けるかも茨城に課せられた課題でもある。

とはいえ、まだまだ茨城は働き盛りの人材が豊富。Ｕターン希望者がけっこういるのも事実だ。こうした人材が県内で活躍できる環境づくりをしていくことが、今後の人口減少社会を生き抜くための原動力にもなるはず。農業や工業は現状を維持しながら、新たに魅力あるビジネス拠点や職場環境をしっかりと整備できれば、茨城のさらなる発展も夢じゃないだろう。

茨城県のスゴいトコ④ 寿命は長くないけど健康でいれっぺ!?

健康寿命上位は予想を裏切る結果

茨城県民の健康面を確認するにあたり、まずは指標としてわかりやすい寿命について調べてみよう。

最初に、次頁の表をご覧いただきたい。都道府県別の平均寿命ランキングを見てみると、茨城県の順位は男性が34位、女性が45位。魅力度ランキングの7年連続最下位に比べればマシだが、男女ともに決していいデータとはいえない。

だが、寿命の計測にはもうひとつの方法がある。それが健康寿命だ。健康寿命とは、ＷＨＯ（世界保健機関）が提唱する指標で、医療や介護に依存せず、健康的に日常生活を送れる期間を指す。このランキングを見ると、男性が９位、

都道府県平均寿命ランキング

男性			女性		
順位	都道府県	平均寿命	順位	都道府県	平均寿命
1	滋賀県	81.78	1	長野県	87.67
2	長野県	81.75	2	岡山県	87.67
3	京都府	81.40	3	島根県	87.64
4	奈良県	81.36	4	滋賀県	87.57
5	神奈川県	81.32	5	福井県	87.54
6	福井県	81.27	6	熊本県	87.49
7	熊本県	81.22	7	沖縄県	87.44
8	愛知県	81.10	8	富山県	87.42
9	広島県	81.08	9	京都府	87.35
10	大分県	81.08	10	広島県	87.33
34	茨城県	80.28	45	茨城県	86.33

※厚生労働省「平成27年都道府県別生命表の概況」参照　※同数値で順位の違いがあるのは小数点3位以下の数値による

都道府県健康寿命ランキング（2016年）

男性			女性		
順位	都道府県	健康寿命	順位	都道府県	健康寿命
1	山梨県	73.21	1	愛知県	76.32
2	埼玉県	73.10	2	三重県	76.30
3	愛知県	73.06	3	山梨県	76.22
4	岐阜県	72.89	4	富山県	75.77
5	石川県	72.67	5	島根県	75.74
6	静岡県	72.63	6	栃木県	75.73
7	山形県	72.61	7	岐阜県	75.65
8	富山県	72.58	8	茨城県	75.52
9	茨城県	72.50	9	鹿児島県	75.51
10	福井県	72.45	10	沖縄県	75.46
10	新潟県	72.45			

※厚生労働省都道府県別健康寿命ランキング参照　※熊本県はデータなし

女性が8位。魅力度ランキングなら、およそ今世紀中には到達できないであろうトップ10にランクインしているのだ。2つの計測値からは、平均寿命こそ日本人の平均に届かないが、健康的に過ごす期間が長いことがわかる。

この事実に、「なぜ？」と疑問を抱く読者も多いのではないだろうか。茨城は病院数・医師数が足りないし、地域によっては医療過疎が進んでいる。それにもかかわらずこのような結果を出しているのには、いくつかの理由があるのだ。

健康に寄与するのは収入・知識・食習慣

昨今、健康的な生活を営むにあたって重要視されているのが、世帯年収と教育年数だ。収入格差と健康格差がイコールで結ばれるというデータもある。収入が比較的安定し、最高学府で知識を身につけることができれば、自分や家族の健康に対する意識もおのずと高まるのだろう。

そこで、厚生労働省が発表した2018年の「賃金構造基本統計調査」を確認すると、茨城県民の平均月額賃金は30万700円、都道府県別で9位にランクイン。また、平均賞与額は96万3200円で、全国平均よりも上。単純計算すると、平均年収は457万1600円になる。富裕層が平均を押し上げているにしても、「こんなに高いの?」と驚かされる。

続いて教育年数だが、文部科学省が2019年に発表している「学校基本調査」によると、高等学校卒業者の進学率は50・55パーセントで、都道府県別の順位にすると25位。ヤンキー県のイメージも何のその、20番台は大善戦である(まあ、後期高齢者の大学卒業率となるとガラリと変わりそうだけどね)。

この結果を反映してか、生活習慣病の予防と改善を目的とする「特定健康診査」の実施率は年々高くなっており、2016年度は51・4パーセントで全国平均と並ぶことになった。また、厚生労働省発表の2016年度の「国民の医療費概況」によると、人口1人あたりの国民医療費は30万4000円で全国41位。額だけを見ると年々増加しているものの、全国的にみれば医療費は低く抑えられている。

この数値は、茨城県民の医者嫌いもあるが、ジェネリック医薬品の使用割合が年を追うごとに増えていることも関係しているのだろう。２０１３年度には45・４パーセントだったにもかかわらず、２０１７年度には69・７パーセントと大幅に増加している。これらのデータを参照する限り、県民の健康に関する意識は向上しているといえるのではないだろうか。

それに、年間を通して温暖な気候に恵まれ、年間日照時間・快晴日数は全国５位と、生活しやすい地域であることも忘れてはいけない。作物も育てやすく、野菜の産出額はここ数年、毎年全国２位をキープしているし、摂取量も全国17位となかなかの好成績を収めている。加えて、ソウルフードの納豆もたらふく食べる。納豆消費量の都道府県庁所在市および政令指定都市ランキングでは、水戸市が毎回上位（なぜかいつも首位に立てないのがクヤシイ！）に入っていることがその証左だ。

日常的に新鮮で安全かつ栄養価の高い食物を摂取していれば、おのずと体も健康になろうというもの。作物を育てる農業人口も多く、毎年田植えなどに駆り出されることから基礎体力もつく。そのため、ＢＭＩランキングは全国30位とまずまずの順位。この事実、案外知られていないのでは？

魅力度が低いとか、名物が地味とか、弱点を挙げればキリがない茨城県。だが、意外にも健康的な生活を送っていることがわかり、何だか誇らしい気持ちになってくる。こうなれば、健康がウリでいけるのでは⁉

平均寿命の男女差に性差意識が関係？

しか～し、ここで足を引っ張るデータの存在に目をつむってはいけない。しっかり精査しよう。

まずは喫煙率。次頁の表をご覧いただければ一目瞭然だが、男性の喫煙率はワースト9位。相対的に女性の喫煙率はぐっと下がるのだが、配偶者や家族に男性がいれば受動喫煙率も高まり、女性や子供の健康を損なう恐れがある。茨城県の男性は、場所を選ばずバカスカ煙草を吸うイメージが非常に強い。じわじわと値上がりしていることだし、この機会に喫煙習慣を見直してみてはいかがだろうか。

もうひとつは食塩摂取量の多さ。男女ともに全国10位以内だ。外食するとわ

喫煙率ワースト５

男性(20歳以上)		
順位	都道府県	割合(%)
1	群馬県	37.3
2	福井県	36.6
3	北海道	35.9
4	長崎県	35.3
4	栃木県	35.3
9	茨城県	33.6

※厚生労働省「平成 28 年国民健康・栄養調査報告」参照

食塩摂取量（平均値）トップ５

男性(20歳以上)			女性(20歳以上)		
順位	都道府県	平均値(g/日)	順位	都道府県	平均値(g/日)
1	宮城県	11.9	1	長野県	10.1
1	福島県	11.9	2	福島県	9.9
3	長野県	11.8	3	山形県	9.8
4	福岡県	11.7	4	青森県	9.7
5	秋田県	11.6	4	千葉県	9.7
10	茨城県	11.2	9	茨城県	9.4

※厚生労働省「平成 28 年国民健康・栄養調査報告」参照

かるが、どこに行っても味付けが濃い。家庭では、大人がどんな食べ物にも醤油をかけるものだから、それを見て子供たちも真似してしまい、繊細な味付けを志向する料理の作り手（主に母親）を怒らせてしまう（筆者の周辺だけか？・）。あと、納豆付属のたれって量が多すぎない？　全部入れると塩辛くなってしまうので、半分程度で丁度いいように思う。まずは名産の納豆から減塩を志し、そこから色々な食べ物も塩分を減らしていき、食材そのものの美味しさを追求していくのはいかがだろう。「んなの無理だっぺ」というなかれ、心筋梗塞や脳卒中による死亡率は全国平均より高い数値にあるのだから、十分に留意したい。

こうなると気になるのが飲酒量だが、茨城は酒蔵が多くあるにもかかわらず、２０１７年度の成人ひとりあたりの酒類消費量は全国39位。これは車社会であることが関係しているのかもしれない（しかしながら、飲酒運転事故件数は全国ワースト10位、飲酒運転事故率はワースト12位だから、くれぐれも安全運転を！）

それと、筆者が大いに気になるのが、前述した平均寿命ランキングの男女差だ。全国の平均寿命と同様に、女性の方が長生きなのはひとまず良しとしよう。だが、男性34位、女性45位という順位差は、どうにも引っかかる。最新の年齢調整死亡率を見ても、男性が全国10位なのに対し、女性は３位。これってもしかして、県民のジェンダー意識の低さと相関関係にあったりしない？

基本的に、茨城県民は非常に保守的である。今でも家父長制の影響が色濃く残っており、片働きのみならず、共働きの家庭においても、女性が家事を負担するケースが圧倒的に多い。それに、封建的な義理の両親と同居しようものなら、ストレスフルな毎日を過ごさねばならなくなる。当然だが、ストレスは体に悪影響を及ぼす。今回の取材で健康談義をした際、持病がリウマチであると話す50〜60代の女性が多かったのも少々気にかかった。

あくまで筆者の推測だが、性別による役割分担を見直すことで、先ほどの順位差は縮まると考えるのは早計か。世界的に「＃ＭｅＴｏｏ」運動が盛り上がる今、このような側面から健康を考えるのも一案だと思う。男だからって無駄に威張っちゃダメだっぺ。

迷わず目指せ！　健康寿命日本一

茨城県は現在、「第7次茨城県保健医療計画」（2018年度から2023年度までの5年間が該当期間）を立て、その実現に向けてまい進している。この計画の基本理念は、「活力があり、県民が日本一幸せな茨城」。4つの重点的課題のなかで、最上位に「安心して医療を受けるための医療従事者の確保」を掲げている。

健康寿命を延ばし、〝健康県〟として成長するのにもっとも必要な視点は、「予防医学の推進による生涯にわたる健康づくりの推進」だろう。そのための具体的な目標は、特定健康診査実施率70パーセント、メタボリックシンドローム該当者および予備群者の10パーセントの減少だ。ほかにも、健康の重要性に関する啓発、健康増進のための取り組みも待たれる。

魅力度ランキングでは難しいが（しつこい？）、健康寿命日本一なら手が届かないこともないはず。まずは毎日納豆1パックを必ず食べるところから始めるべきか（食ってるよってか！）。

健康寿命の上昇に待ったをかける要因のひとつが喫煙率の高さ。改正健康増進法の施行に期待だ

酒蔵の数は関東地方1都6県で最多。「酒は百薬の長だから、適量飲酒なら大丈夫」なんて声も

茨城県のスゴいトコ⑤
実は理想的な教育県

幼児教育なんて知らん！　外遊びで知能は育つ!!

茨城県民の自慢のひとつが優秀な小中学生だ。水戸市内の酒場で出会ったオッチャンは「茨城は自然が近くにあっから、外で遊ぶことが多いのよ。体動かすから体力はつくし、頭にいいでしょ。だっから優秀なのよ～」と満面の笑みをこぼしていた。そんなに自慢するのだから、たいそう優秀にちがいないと全国学力テストの正答率を調べてみた。

その結果、小学生総合の平均正答率は全国14位。中位よりやや上といったレベルだが、小学生と中学生ではあきらかに差がある。どうも小学校の頃は特筆して優秀というわけではなく、中学時に急激に学力を伸ばしてくるようだ。国語の正答率なんて小学生の12位から中学生で5位にジャンプアップ。英語は13位となっているが、埼玉や千葉と同じレベルを保つ。小学生も悪くはないが、やはり中学生の学力は際立っているといえるだろう。

ではどうして中学生になると学力が伸びるのか？　もろもろ資料を探ってみたが、いっこうに納得のいく答えが見つからない。たとえば通塾率。中学生になって塾に通わせる割合が急激に増えるのかと考え、さっそく調べてみたところ、小学生では41・2パーセント（全国25位）、中学生では57・5パーセント（全国24位）。確かにその割合は15パーセント以上も伸びているが、これは高校受験を控えているためで、全国的に同様の傾向がある。また、茨城の通塾率はいずれも全国平均以下で、地域差はあるだろうが、各家庭がそれほど学校外教育に力を入れているわけでもなさそうだ。

そこで、中学生で学力が伸びる要因を片っ端から県民に聞いてみた。そのなかでもっとも多く聞かれたのが「小さい頃から勉強ばっかりしていてもしょうがない」という意見だった。昔から私立学校があまり多くなかった茨城では、小学校は公立が基本だし、地域ぐるみで子供を育てる気風が根強く残る。さらに、先述のオッチャンが話していたように「子供は外で遊ぶもの」という考え方もあり、小学校からガツガツ学習させないスタイルが主流なのだ。

教育は地域ぐるみが常識だから、外で遊んでいても大人の目がけっこう行き届いてる。別にわざわざ見守りに出るまでもなく、「○○んとこの子供が〜」という会話が自然に成り立つぐらい顔見知りばかりなので、外遊びをしていても安心だったりする。

幼少期に体を動かすことは重要とされ、集中力や学習能力を司る前頭前野という部位を発達させる効果もあるそうだ。脳が急激に発達する小学校低学年は、詰め込み教育をするより、なるべく多くの体験をさせた方が後に知能が高くなるという。そう考えれば、茨城の教育観はあながち間違ってなく、小学校時代にテストの点数にこだわらなくとも、自然と中学生になって学力が上がっていく仕組みが、図らずもできあがっている。また、茨城の小学生は自宅学習率が全国6位とかなり高い。チャイムが鳴るまでは外で目一杯遊び、家に帰ったら宿題に精を出す。昔ながらの光景だが、自発的な学習が身についているので、学力が自然と向上するのではないだろうか。コロナ禍でも問題なさそうだ。

さらに外遊び好きな茨城キッズは、学力もさることながら、体力面でも高い数値を叩き出している。体力テストで小学生女子、中学生男子で全国2位の成績を収めているのだ。これも茨城流ののびのび教育の賜物だろう。

茨城は相撲や柔道などの格闘技から、野球やサッカーなどのプロスポーツまで数々の名選手を輩出している。現在、サッカー通が注目している選手として挙げるのが、龍ケ崎市出身の中山雄太で、今後の代表戦では決定的な働きをしてくれると期待されている逸材だ。

そんなわけで学力も体力も全国有数なんだから、移住者に向けて、「子供の教育に良い県」をもっとアピールしてもいいんじゃない？

茨城は高校教育も優秀なのだ

そんな茨城教育で育った優秀な生徒が目指す高校は、やはり土浦第一か水戸第一。私立の超優秀校はあっても、公立偏重志向は古い地元民ほど強い。先の2校はいずれも偏差値70を超える超進学校で、全県1学区となってからはバチバチとしのぎを削っている。ただ、進路実績を見ると、近年は土浦第一の方がやや上か。2019年度の東大合格者では土浦第一が水戸第一にダブルスコア以上の差をつけている。ただ、水戸第一は古くから東大志向が低く、格別優秀な生徒でも東大ではなく東北大を目指したりするそうだ（実際に水戸第一の東北大進学者は31人で、土浦第一の26人を上回っている）。また、生粋の水戸民は郷土愛が強いため、何の疑問もなく茨城大学に進むケースもある。県南で東京志向が強い土浦第一とは進路を希望する動機がそもそも異なっていたりする。ただ、その土浦第一も、東京のエリート私立につくばエクスプレス沿線の優秀な子供がとられ、レベルが若干低下してきているという話もある。実際、昔から開成に落ちて、土浦第一に入学したという子供は確かに存在していたという（さるOB談）。

一方、私立の名門といえば中高一貫校の江戸川学園取手だろう。とりわけ医科コースは医学部進学に特化しており、偏差値でいえば公立トップをしのぐ。医療系の海外研修などを高校時から行うめずらしい高校で、全国からも注目度が高い。天才的な頭脳を持った生徒もいるという評判だ。

というわけで、茨城は小中で基礎的な知能をじっくり育み、高校で高度な学問を学ぶという一貫した流れができている。さらに近年は、並木中等教育学校、茨城高校、常総学院、清真学園、茗溪学園といった中高一貫校の台頭で、優秀な生徒が県外から集まるようになっており、教育県の地位はますます高まっている。もはや関東屈指といっても過言ではない。

小中学校時にそれほどお金をかけず、レベルの高い人材を育成している茨城はたいしたもんだ。経済力だけで解決しようとする都心の教育ママとは雲泥の差だ。このあたり、茨城を見習えばいいのにとさえ思えてくる。東京のセレブママも思い切って茨城に移住してみたら、どうですかね？

賛否両論が渦巻く公立の中高一貫制導入

さて、茨城県教育庁は大規模な教育改革に乗り出している。２００６年に全県１学区制を導入したのを皮切りに高校再編整備を進めてきた。そして２０１９年の改革プランで、ついに公立の中高一貫校新設を発表したのだ。

その背景にあるのは、私立の中高一貫校の県内進出とつくばエクスプレス開通による優秀な生徒の県外流出だ。ここ10年、私立の中高一貫校が次々と進出したことで、かつての土浦第一、水戸第一の二強時代に変化が起きつつある。偏差値では相変わらず両校が不動の地位を築いているが、先にも述べたように、中学の段階で優秀な生徒を引き抜かれるケースが多くなっていた。また、県南では都内や千葉の私立に通う生徒も増加。近年は中高一貫校に通わせたい親が増えていることから、現場では危機感を抱いていた。

そこで、県内の主要な高校で中高一貫制度を導入し、有名私立と対抗しようというワケだが、なんとそのなかに土浦第一と水戸第一も含まれている。もともと成績的に超一流の高校が中高一貫に取り組むのだから、よりよい教育が受けられるとする向きもあるにはある。

中高一貫教育は、中学受験に成功さえすれば高校受験を回避できるというメリットのほかに、学校独自のメソッドを継続的に導入しやすい。県は「地域の中の学び」を強調し、国際教育や科学教育などに重点を置いた6年間の継続教育に取り組むとしている。さらにICTを活用した特色ある取組みを各校で展開するという。

　だが、中高一貫にするということは、中学受験が増えることと同義でもある。もともと茨城では小学生はのびのびと遊ばせ、中学生で本格的に学問に取り組ませる風土がある。だが、中学受験が本格化すれば、小学生時代から受験勉強に励まなくてはならない。つまり、これまで優秀な人材を育んできた茨城流教育の流れが大きく変わるかもしれない。小学生の通塾率が増えれば、そのぶんだけ体を動かす時間は短くなり、自慢だった体力の低下も招きかねない。

　この大きな変革には地元民も賛否両論だ。「より現代的な教育ができる」と賛成の声が上がる一方で、「中学受験戦争はキツイ」とか「高校受験がなくなると余計に学力が下がる」という反対意見も多い。教育制度改革の結果は長い時間をかけないと見えてこないため、ここでその成否を問うことはできない。だが、少なくとも茨城の進学事情が大きく変わることは間違いなかろう。

　中高一貫教育はいわば東京流。確かに東京の偏差値は高いが、現代社会で通用する優秀な人材かどうかはまったく別モノ。はたしてこの改革は吉と出るか、凶と出るか⁉

茨城県内の中高一貫校の注目株といえば、2008年に開校した県立並木中等教育学校（旧県立並木高校）だろう

県内トップ高のひとつ土浦第一。優秀な生徒の県外流出でレベル低下も懸念されるなか、中高一貫制導入に踏み切る

茨城県のスゴいトコ⑥
陸・海・空のインフラを拡充！

圏央道の開通で県西・県南は産業拡大

茨城県の道路実延長は北海道に次ぐ全国2位。1位の北海道と比べると面積が約13分の1だから、県内には道路がしっかりと張り巡らされている。さすが土建王国、車社会と呼ばれることはある。

なかでも高速道路網は、常磐自動車道、東関東自動車道、圏央道、北関東自動車道と東西南北の移動には事欠かない。なかでも、近年注目されているのが、境古河IC～つくば中央ICまでの区間が開通した圏央道。かつては東京の住民を中心に反対運動が巻き起こり、公共性のない工事だと批判を浴びることも多かったが、実際に開通した途端、各都道府県にとてつもない恩恵をもたらした。とくに茨城への経済効果は計り知れない。経済産業省が発表した２０１７年の工場立地動向調査によると、茨城県内への県外企業立地件数が前年比で14件増加。２年ぶりに全国１位に返り咲いた。とくに坂東インター工業団地では圏央道効果によって続々と企業立地が進み、県内経済を強力に押し上げている。さらに２０２２年を目標に４車線化が進められており、坂東にはパーキングエリアも設置されることが決まった。パーキングエリアなんて日常的に利用するもんでもないし、県民はあまり関心がないかもしれないが、周辺地域に雇用を生み出すというメリットがある。

道路網の整備は、環境保護の面でやり玉に挙げられることも多く、実際に全国には不必要と思われる道路も少なくない。だが、茨城の流通は、ほぼ9割を自動車が担っている。そのため、道路網の利便性を高めることが企業立地を進める上で重要な意味を持つ。キーワードとなるのは、いわずもがな都心とのアクセスだ。

県内の新規工場立地件数は全体で50件だが、地域別では、県西が19件、県南が18件で、両地域だけで全体の74パーセントを占めている。圏央道沿線では着々

茨城県の主な交通網

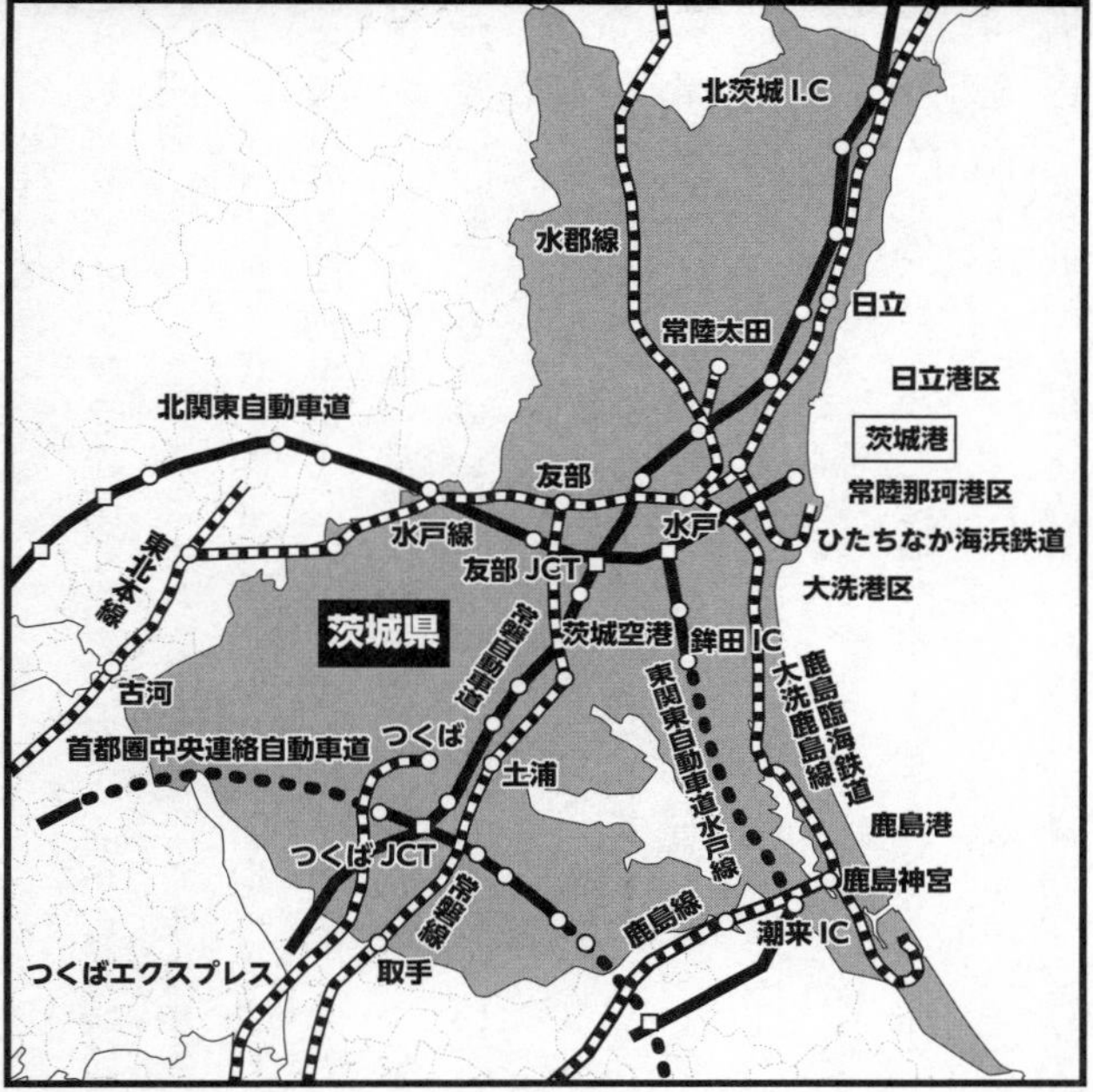

と開発も進み、阿見町は人口が急激に増加したように、県西と県南は都心とのアクセスが向上すればするほど街の発展につながるという構図ができあがっている。

一方で、完全に置き去りにされているのが県央から県北だ。新規工場立地件数は県北、県央の両地域が6件、鹿行は1件のみ。圏央道による恩恵が行き届いていないのだ。

こうした交通インフラの南北格差は、以前から茨城の特徴でもあったが、圏央道の開通によってその差はより顕著となったようにも見える。ただ、境古河IC〜つくば中央ICの開通は都心から常磐道への乗り換えを容易にした。混雑する東京外環自動車道を避けて、東北自動車道からもアクセスできるようになったのだ。そのため、常磐自動車道への接続は、千葉方面からも埼玉方面からも格段に向上。もう少し時間はかかるかもしれないが、県央や県北にもその恩恵が広がる可能性もある。

また、鹿行民や一部の千葉県民が密かに期待しているのが東関東自動車道水戸線の開通。これは潮来ICと水戸ICを南北につなぐ道路で、開通すれば関東高速道路網の最果てとなっていた潮来ICの利便性が格段に向上する。この界隈は、道路も鉄道も貧弱だから、観光地としても産業立地にしてもまったく魅力がなかった。だが、この道路が全通すれば、茨城空港を通って水戸とつながることになり、周辺エリアに新たな人の流れができるはずだ。鹿島臨海工業地帯のさらなる発展も見込めるだろうし、衰退っぷりが激しいお隣の銚子じゃあ観光の起爆剤にもなる。まあ、千葉県のことなんて知ったこっちゃないが、鹿嶋や銚子はほとんど同じエリアだし、広域で連携し、県をまたいでウィンウィンの関係になれれば、観光面（鹿島神宮や銚子港など）での魅力も向上するはずだ。ただ、予定されている区間には先祖代々受け継いできた農地なども多く、用地取得にけっこう苦労しているそうだ。ようやく潮来ＩＣ～鉾田ＩＣまでの事業認定の申請が始まったばかりで、全通するのはかなり先になりそうな気配である。

いずれにしろ南北格差は今に始まったことじゃないし、新しい交通インフラの完成には時間がかかるもの。長い目で見守っていこうじゃないか。

貧弱といわれていたが公共交通も拡充の一途

道路網が充実の一途をたどるなか、県は弱みでもあった公共交通の改革にも乗り出している。もともと鉄道網は圧倒的に県南が有利で、その恩恵を受けているのが、常磐線とつくばエクスプレス（以下：ＴＸ）の沿線。県全体で見れば、ごく限られたエリアにすぎず、よって生活の足は車がメインとなってしまう。公共交通の割合を示す旅客輸送分担率は、全国平均32・1パーセントに対し、茨城は8・8パーセントと極端に低い。そのため、自家用車利用の割合は全国平均が66パーセントに対して、茨城は90・2パーセント。そもそも茨城は可住地面積が広い上に、市街化調整区域（市街化を抑制すべき区域）の人口が約3割。これは全国平均の約3倍にも及ぶ。要するに駅もへったくれもない田舎が多く、県民が県内のあちこちに分散してしまっている。鹿嶋民が「茨城じゃ車がねぇと生活できねえヨ」というように、公共交通なんて目もくれていない。

だが、近年は高齢ドライバーによる大事故が全国各地で頻発し、免許返納の話題も盛り上がっている。無論、茨城も例外ではなく、むしろ事故が多い県でもある。公共交通の拡充は県としても悲願のひとつなのだ。とはいえ、県内すべてに鉄道網を充実させるのは無理がある。そこで、県が力を入れているのが、バスや乗合タクシーの活性化だ。

2016年、県は「茨城県公共交通活性化指針」を策定。「コンパクト＋ネットワーク」をスローガンに公共交通の拡充に乗り出している。それによると、路線バスは2002年度から2014年度の13年間で319系統、1677キロメートルの区間で廃止され、車社会が進む一方だった。だが、2010年頃から各市町村でコミュニティバスを設け、現在は2002年時と同水準にまで回復。県民の大切な足となっている。

それでもコミュニティバスだけでは網羅できない交通空白地域や交通不便地域も少なくない。そこで、県はNPOなどを支援して小型乗合バスや、デマンド型交通事業を実施している。ちなみにデマンド型交通とは、半分公的なタクシーのようなもの。たとえば鉄道路線のない神栖では、市内の公共交通は循環バスがメインだ。高齢者の無料化や割引率の高い定期券を導入して、鉄道のなさをカバーしてきたが、移住してくる転勤族はほとんどが自家用車を利用している。そのため、バスの利用者数が低下し、2008年から「神栖市デマンドタクシー」の運行を開始した。平日8時～17時まで利用でき、運賃は300円（子供は150円）。普通のタクシーよりもべらぼうに安い。

正直、30～40代ぐらいの人たちはそれほど必要性は感じていないようだが、高齢者の評価は高い。毎月約2000人ほどが利用しており、今後の利用意向も「これまで通り利用したい」が76・2パーセントに達しているように、なかなか好評だ。神栖を取材中、目の前で1台のタクシーが停まり、降りてきたふたりのオバ様が喫茶店に入るのを見かけた。話を聞くと、どうやら市内のカラオケ店で開催されたのど自慢大会に出場してきたらしく、イキイキとしていた。こうした取り組みはタクシー事業者、住民ともにメリットが大きく、交通空白地域があちこちに点在する茨城向きでもある。県主導の公共交通活性化は、けっこう順調に浸透している。先のオバ様のように高齢者が元気なのも、公共交通を利用して目一杯遊べるからかもしれない。

誘致から30年が経過した東京直結鉄道の今

先ほど鉄道路線を県内すべてに網羅するのは無理があると述べたが、やはり鉄道路線による恩恵も無視できない。TXで沿線がにわかに盛り上がったように、鉄道インフラの拡充も図りたいというのが本音だろう。

というわけで、茨城の県南から県西にかけ、東京から地下鉄有楽町線を延伸させようと目論む計画がある。有楽町線とは、埼玉県の和光市駅から東京都江東区の新木場駅までを結ぶ鉄道路線。〝埼玉都民〟や〝千葉都民〟といったベッドタウン民を都心へと輸送する重要な路線だが、それを千葉の東葛を抜け、茨城まで延伸しようというのだ。想定ルートでは、埼玉県八潮市から越谷市、千葉県野田市を抜けて茨城県坂東市、下妻市へと至る。県をまたぐ壮大な延伸計画のため、3県11市町で「地下鉄8号線建設促進並びに誘致期成同盟会」を結成。必死に国に呼びかけたりして、実現に向けた取り組みを続けている。

ただ、有楽町線の延伸といっても接続を狙っているのはTXだ。まずは、野田市からTXと接続する八潮駅までを建設、さらに直通運転まで目論んでいる。そこから第2段階として茨城までの線路を造成するという計画なのだ。

だが、この計画はあまりに壮大すぎて、国土交通省も及び腰。そもそも肝心の東京メトロにやる気はゼロ。もし国からゴーサインが出たとしても、路線を運営するのはおそらく三セクになる。三セク路線となると、それほど本数は期待できないし、運賃だって高くなる可能性がある。第1段階の八潮・野田間ならまだ可能性はあるものの、本当に坂東や下妻に伸ばせるかはビミョーなところだ。坂東は鉄道駅がないから本気度が高いが、すでに誘致活動が始まってから30年が経過。このまま計画がなくなったとしてもおかしくはない。

そこで、最近になって県内をにぎわせてるのがＴＸの茨城空港までへの延伸。こちらは小美玉がリーダーとなり、土浦、石岡、つくば、かすみがうら、行方、鉾田で「つくばエクスプレス茨城空港延伸議会期成同盟会」を結成。２０１９年には県知事に要望書を提出した。要望内容は、「ＴＸの茨城空港への延伸の要望」「茨城県が主体となって国、関係機関連携による調査・研究の早期着手」の2点。つまり、県をあげて運動を起こせってことだろう。まあ、県も新線ができればありがたいだろうが、莫大な建設予算をどうするのかなど、細かい部分を詰められていない。こちらの延伸計画はまだ始まったばかりなので、もし実現するとしても、相当先の話になるだろう。まあ、それまでには新しい輸送技術もできているだろうし、結局は絵に描いた餅に終わるような気もする。ただ、夢見る市町村に対して、県はけっこう現実的で、つくばと水戸を結ぶ高速バスを増便して実証実験を開始。両市からの茨城空港行きバスも増発する。

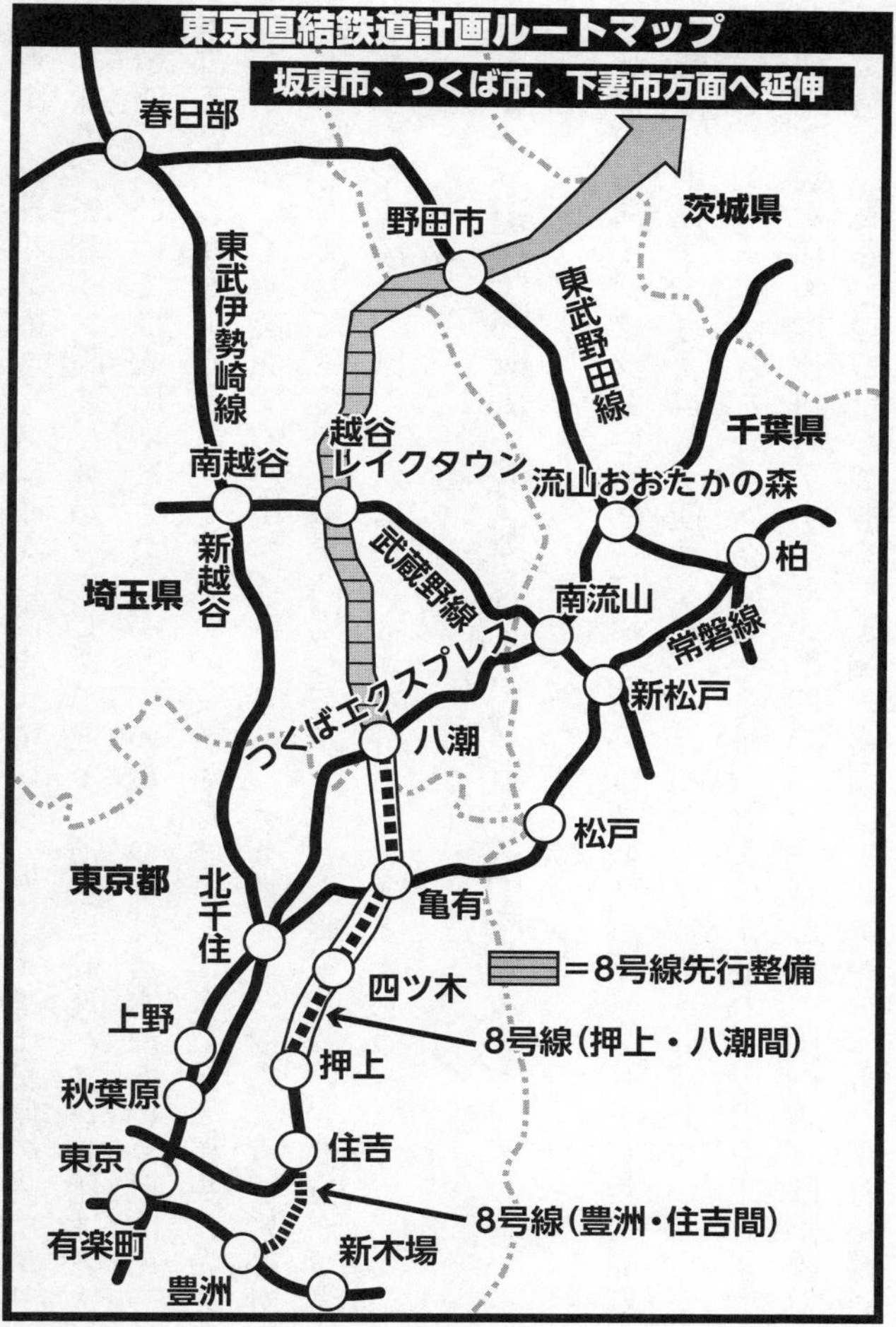
東京直結鉄道計画ルートマップ
坂東市、つくば市、下妻市方面へ延伸
春日部
野田市
茨城県
東武伊勢崎線
東武野田線
千葉県
越谷レイクタウン
南越谷
流山おおたかの森
柏
新越谷
武蔵野線
埼玉県
南流山
常磐線
つくばエクスプレス
新松戸
八潮
松戸
東京都
北千住
亀有
＝8号線先行整備
四ツ木
上野
8号線（押上・八潮間）
押上
秋葉原
住吉
東京
8号線（豊洲・住吉間）
有楽町
新木場
豊洲

近年、高速バスのニーズは確実に高まっている。たとえば千葉県の内房エリアではアクアライン高速バスが充実したことで、通勤に高速バスを利用する人が増加し、ひいては人口増にもつながっている。つくばと水戸という県内の二大都市の接続が楽になれば、それぞれの交流も深まり、ＴＸ効果が県央に及ぶかもしれない。産業面での連携も期待できる。そう考えると夢のような延伸計画よりも、充実している道路網を活用してインフラを整備していった方がコストも少なくて済む。県の方針はなかなか冷静だといえるだろう。

壮大な鉄道建設計画より既存インフラを活用すべし

既存の交通インフラといえば、気になるのは茨城空港だ。２０１０年の開港当時は、地元民でさえ「誰が使うんだ？」とハコモノ行政を非難していた。だが、それから月日が経ち、茨城空港に想定外の好調期が訪れる。２０１８年度は利用客数が前年度比11・７パーセント増の76万４０２人。国内線、国際線ともに過去最高を記録したのである。好調の要因はアジアからの乗り入れ路線だった。当時は台湾便、韓国便、上海便の計3路線（現在は台湾便、西安便、上海便の3路線）が定期的に就航し、これらLCC便に乗って多くの外国人が茨城にやってきた。彼らの目当てのひとつは国営ひたち海浜公園のネモフィラ。そのおかげもあって、県内を周遊するツアーも前年度から26・5パーセント増の３４４２にも上り、これは過去最高の数であった。

しかし、コロナ禍で風向きは一変した。２０２０年1～12月の利用者数は前年比62パーセント減の約31万３５００人と、7年ぶりのマイナスで、国際線はおよそ9割減。ＬＣＣ拡大などで利用者増が続き、存在感を高めてきた茨城空港にとって、国際線の大幅な減便はとてつもない痛手であった。一方、一時は半減していた国内線はすでに全便運航に戻っている。札幌、那覇、神戸、福岡、宮古（乗り継ぎ便）と魅力的な路線が揃っていることを考えると、茨城空港はしばらく国内の旅行・ビジネス需要を取り込んでいくしかない。加えて、出ていくだけではなく来てもらうことで、茨城空港の存在価値を高めていきたいところ。それには県が、観光地としての茨城県の魅力を国内に広くに認知させることが肝要だが、これは実に困難なミッションではある。

県の中心を南北に走る常磐道。つくばを超えると渋滞フリーでだいたい速度超過

茨城の鉄道の代名詞といえば常磐線。通勤ラッシュの混雑率は都内の電車並みにヤバい

茨城県のスゴいトコ⑦
レジャー充実のおでかけ天国

ヨソ者に魅力はなくとも県民レジャーは充実！

茨城は「魅力のある観光スポットが少ない」というイメージが全国的な常識になりつつあるが、実際に県民に「遊びに行くならどこがオススメ？」と聞いてみると、あまり迷わず答えが返ってくる。筆者の取材を受けたある水戸人は、「観光っつー意味じゃ面白みはねーかもしんねえよ、けどまあ俺らが遊ぶぶんには困ったことはねーなー」という。確かに世界遺産はないし、著名な歴史的建造物も少ないから、ヨソ者からしてみれば、それほど興味をソソられるスポットは多くないかもしれない。だが、県内を見渡すと、休日を満喫するには十分すぎるほどのレジャースポットがあちこちに点在している。超車社会だけあってそうしたスポットの需要が高いともいえるが、茨城県民は休日になると、県内をアクティブに動き回っている。そこで、本項では地元民がリアルに楽しんでいる、茨城レジャーの真髄に迫ってみたい。

まず疑問だったのは、国営ひたち海浜公園の位置付け。観光地やレジャースポットは、外国人観光客が増えすぎると、地元民から敬遠されることが少なくない。たとえば京都では、外国人が多すぎて外出しなくなった地元民もけっこう多い。そうしたことが、国営ひたち海浜公園でも起こっていないかと思ったのだ。

だが、それは杞憂に終わった。県内のどこで聞いても「一度行ってみてほしい」とオススメされ、その多くは実際にネモフィラ体験済み。名実ともに県民の自慢となっているようだ。県が実施した郷土愛に関するアンケートでも「知人に自慢したいもの」のトップに君臨。とくに女性からは68・9パーセントと得票率が高い。ただ、地元民はこの公園で花ばかり見ているわけではない。遊園地系のアトラクションもあるし、子供向けのアスレチックだってある。しかも、そのどれもがクオリティが高いのだ。筆者が住んでいる地域にも有名な国

県内の主なレジャー施設

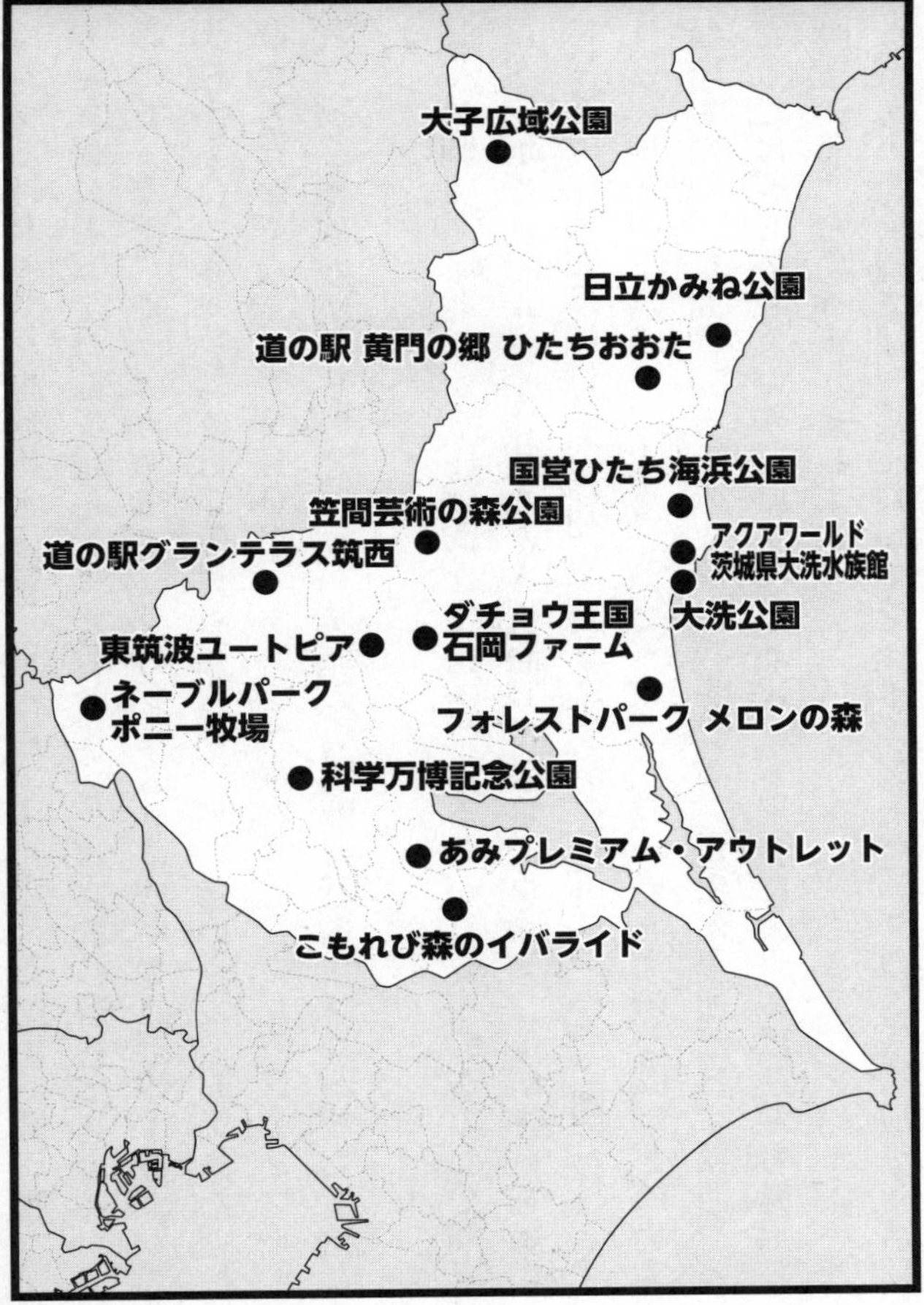
大子広域公園
日立かみね公園
道の駅 黄門の郷 ひたちおおた
国営ひたち海浜公園
笠間芸術の森公園
道の駅グランテラス筑西
アクアワールド
茨城県大洗水族館
大洗公園
ダチョウ王国
石岡ファーム
東筑波ユートピア
ネーブルパーク
ポニー牧場
フォレストパーク メロンの森
科学万博記念公園
あみプレミアム・アウトレット
こもれび森のイバライド

営公園があるけれど、お世辞抜きで質・量ともに国営ひたち海浜公園が勝っている。地元民にとっては観光地としてだけでなく、日常的に遊べるスポットでもあるのだ。ただ、やっぱりネモフィラのシーズンは、かなり混雑するようで、高齢男性からは「ネモフィラは1回見れたらいいべ」という声も聞かれた。むしろひたちなかでなら、TOHOシネマズで映画を見て、ファッションクルーズで買い物をするのが楽しいという。茨城の男性陣は基本、せっかちで不精者なのだ。

同じく公園で、県北民から圧倒的な支持を受けるのが日立市のかみね公園。園内に遊園地やプール、動物園などを併設しており、ファミリーが休日を過ごすのに最適で、地元では日常的に利用されている。「明日はかみね公園さ行ぐべ」というと、地元の子供たちは大喜びだそうだ。国営ひたち海浜公園ほどの集客力はないものの、年間約53万人の入場者数を誇る。場所が場所だけに県西や鹿行あたりでは親しみもないが、県央や県北民は「場合によってはひたち海浜公園より遊べる」という声が多数上がる。

また、かみね公園では、県と共同でジャイアントパンダの誘致活動が開始された。これには地元民たちも驚き、「本当にパンダが来たらスゴイこと」と喜ぶ反面、「まあ無理だっぺ」とあまり期待しないようにしているという。いずれにしても今のところ、スタートしたばかりで実現の可能性を論じる段階にもないらしい。ただ、仮にかみね公園にジャイアントパンダが来たら、全国からはるか日立まで人がやってくるはず。大風呂敷を広げて計画倒れというのは茨城のよくあるパターンだが、マジで実現してもらって、盛り上がりに欠ける茨城レジャーの起爆剤にしてほしい。

風呂！　釣り！　道の駅！　何でもアリの定番レジャー

ここまでは休日のメジャースポットについて論じてきたが、次に県民がより日常的に利用する定番レジャーについても触れていきたい。

まず真っ先に挙がるのが健康ランドやスーパー銭湯である。県内の至るところに分布しているが、とくに下妻や守谷、つくばなどの県西や県南は激戦区でもある。しかも、どこへ行っても駐車場は満車状態で、有名温泉地がないわりにけっこうな風呂好きである。天然だとか人工だとか泉質は二の次で、とにかくデカい浴槽に入りたいようで、「風呂の後の一杯がたまんねー」のだそうだ。24時間営業だったり、深夜まで営業している施設もあって、夜になると長距離ドライバーが休憩がてら仮眠をとっていたりもする。スーパー銭湯なくして茨城レジャーは語れないのである。

天然温泉はそれほどないが、茨城県は水が豊富で、海・川・湖と釣り場がけっこうある。そのため、港などに行くとオッチャンたちが釣り糸を垂らしている姿をよく見かける。なかでも那珂川河口は知る人ぞ知る定番スポットだ。地元の釣り好きによれば「あそこはいろんな種類が釣れるから都心から来る人も多い」そうだ。ちなみに茨城ではバス釣りなどのキャッチ&リリースではなく、基本的に釣った魚は家に持って帰って食うのが主流。かつては、釣りだけでなく、海岸で勝手にハマグリなど獲って持ち帰っていたそうだ。そんな習慣が根づいているせいで、禁漁区で勝手に釣りをする輩も少なくない。聞いたところによれば、外国人が日本語が不自由なのをいいことにけっこうやりたい放題やっているそうで、「密漁天国」なんて呼ばれたりもしているそうだ。マナーのいい釣り好きにとっては迷惑千万だ。そのため取り締まりなども強化されていて、肩身の狭い思いをしている人も少なくないようだが、釣りが茨城のオッチャンたちの定番レジャーであることに変わりはない。

オッチャンが釣りで暇を潰す一方、オバチャンたちはせっせと道の駅や農産物直売所などで旨いもの探しに精を出している。２０１９年にはグランテラス筑西がオープンして話題を呼んだが、あちらは若者やファミリー向けで、地元のオバチャンたちに人気なのは、なじみのある地元の道の駅だったりする。なかでも県内のオバチャンを惹きつけてやまないのが、みほふれ愛プラザの農産物直売所。県北方面から高速を飛ばして農産物を購入しに来る人もいるそうだが、ある鹿嶋のオバチャンは「あそこの食材は本当においしいの」と絶賛の嵐。評判通り、イートインコーナーのキャベツメンチも絶品だった。近くには、あみプレミアムアウトレットもあるので、ついでに寄れるというのも魅力のひとつらしい。

というわけで、ここまで地元民の証言をもとに茨城県民のレジャーについて迫ってみた。気づかされたのは、茨城県民は意外とアクティブな行動派が多い

茨城のオッチャンには釣り好きが多い。マズい淡水魚以外、釣った魚は食うのが基本

ことだ。近年は車離れが進み、「車社会＝悪」という考え方が増えているが、これだけ県内のあちこちに積極的にお出かけできるのは、車社会のメリットのひとつだろう。

県内どこで話を聞いてもオススメのレジャースポットを教えてくれるし、そこには確かな郷土愛を感じる。観光魅力度が低いとはいうけれど、県民しか知らない真の魅力がそこかしこにあるのが茨城なのだ（県民しか、というのが問題だけどね）。

茨城県のスゴいトコ⑧
茨城なくして映像文化は語れず！

県をあげてのロケ支援事業は業界関係者から大好評

低予算ながら大ヒットを記録した映画『カメラを止めるな！』。映画好きの筆者も思わずその出来栄えにうなったものだが、２０１８年の流行語大賞にもノミネートされた。茨城とは縁もゆかりもなさそうな映画だが、その大半のロケ地となったのが水戸市にある旧芦山浄水場だった。茨城といえば大洗が『ガールズ＆パンツァー』の聖地として知られるが、アニメだけでなく映画やドラマの聖地にもなっている。

たとえば、大河ドラマなどの時代劇、青春モノ、特撮モノでもたびたびロケ地に選ばれている。これほどまでに茨城が舞台に選ばれるのは、県をあげてロケ地の誘致を推進しているから。その中心的機能を果たしているのが、いばらきフィルムコミッションで、手厚い支援を行ってロケを誘致している。

いばらきフィルムコミッションでは、ホームページ上でロケ地に関する相談を受け付けているほか、撮影認可に関する協力も実施。エキストラ手配や宿泊施設、さらには飲食店への許可取り、地元民への周知なども支援している。この地元の許可取りっていうのが……いやはや本当に大変なんですって。筆者もかつて映像関連の仕事の手伝いをしたことがあるが、許可取りやロケハンだけで数日取られることもあるし、ＡＤなんて寝られないことだってある。そんなメチャクチャ面倒な許可取りに口利きしてくれるなんて、もうありがたいの何のって！

しかも、いばらきフィルムコミッション事業は、あくまで県の観光事業の一環として行われており、手続き上で面倒くさいことはあるものの、費用がかさむことはない。『カメラを止めるな！』が低予算で映画を撮影できたのも、いばらきフィルムコミッションのおかげなのだ。

茨城は日本の映像文化を下支えする重要な役割を担っている。映像業界では

「困ったときは茨城に行け」という言葉があるとかないとか。

ご当地映画がなくとも事業は止めるな！

ただ、ちょっと悲しい問題があって、映画やドラマってそれほどロケ地を全面に押し出すわけではないし、単発映画だと長年に渡るようなファンはそれほど多くない。そのため、これだけ支援しているにもかかわらず、知られるのは映像業界ばかりで、一般の認知度はさほど高まっていない。県民にしても「どこそこに〇〇が来るらしいよ」という情報は出回ったとしても、最近は芸能人が来るのなんてさしてめずらしくないせいか、わざわざロケをのぞきに来るようなこともない。観光事業として強化しているフィルムコミッションが、本来の目的である魅力度アップや観光客増加にうまくつながっていないのだ。

そこで、県では茨城の魅力向上のための映画を作ってくれる制作会社を募集。なんと最大1千万円の助成金も捻出するという。宿泊費、食費、交通費に映像効果作業費までお助けするというのだから、貧乏映像制作会社は涙チョチョギレだろう。ただ、助成を受けるためにはいくつかの条件があって、なかでも「茨城県の様々な魅力を広く発信し、知名度の向上、県内の経済活性化及び観光誘客に資するもの」という項目はなかなかシビアだ。助成を受けるためには、茨城を全面的に押し出した演出が必要になるので、撮りたい作品にならなくなる可能性もある。というわけで今のところ魅力向上のためのご当地映画はほとんどない（第2の下妻物語が欲しいところ！）。

そして今度は、国内がダメならと海外映画のロケ支援に乗り出している。2019年度の予算に組み込まれた「魅力映画支援事業」に1450万円を計上。アジアを中心にロケを誘致する方針だ。2009年に放映された韓国ドラマ『アイリス』で舞台になった秋田県は、韓国人観光客が押し寄せる人気スポットとなったことから、茨城もこうしたロケ地効果を狙っているようだ。ちょっと欲張りすぎな気もしなくはないけれど、うまくいけば新たな聖地を開拓できるかもしれない。

ただ、直接的な観光に繋がっていないにしても、充実したロケ支援を続けていれば、いずれファンが押し寄せるような名作のサポートをすることになるか

NHKが運営するワープステーション江戸。大河ドラマや時代物映画のロケ地で重宝されている

もしれない。こればかりは行政があれこれ口を出すよりも、制作者に任せるしかない。ロケ地で選ばれる機会が多いってことはそれだけ名作に当たるチャンスも多いってこと。当たれば魅力度浮上のまたとないチャンス。茨城の強みともいえる有意義な事業なので、焦らずじっくり進めて大丈夫だ！

茨城県のスゴいトコ⑨
地震対策は必須！　県民の不安解消へ

事細かにシミュレートし地震対策には油断なし！

未曽有の大災害となった東日本大震災から10年以上の年月が経った。茨城県も21万棟以上が全壊や半壊、一部損壊などの被害を受け、被害額は2・5兆円にも及んだ。茨城はすでに復興を終えたものの、いまだに県民の心には大きな傷が刻まれている。

そもそも茨城は「地震の巣」とも呼ばれるほど地震が多い地域である。なぜなら、茨城県沖は3つのプレートが交わる世界的にもめずらしい場所であり、海溝型の大きな地震が起きやすいともされている。その証拠に毎年200回近くの地震が起きており、震度4クラスも毎年のように観測されている。県民は震度３ぐらいじゃあ「ちょっと揺れたな」ぐらいの認識で、かなり慣れていたりするのだ。

２０１１年以降の発生回数はやや少なくなりつつあるが、それでも大地震のリスクがなくなったわけではない。政府の地震調査委員会がまとめた「全国地震動予測地図」によると、今後30年以内に震度６弱以上の地震が発生する確率は水戸市が81パーセントで全国第３位（県庁所在地別）に名を連ねている。ちなみに、第1位は85パーセントの千葉市で、どちらで起きたとしても茨城に大きな被害を及ぼすことは間違いない。そのため、茨城では大地震が発生しやすいポイントごとに被害想定をシミュレートしている。それをまとめたものが左頁の表である。建物、人的、ライフラインの３項目を発生する季節と時間帯を３つに大別して細かく被害想定を出している。どこで地震が起こるかで被害の様相は大きく変わってくる。たとえば県南で発生した場合、ガスの供給停止が64パーセントにも及ぶが、沖合やＦ１断層の場合は０～８パーセントと低い。一方でＦ１断層地震が発生すると建物被害や人的被害が大きくなると想定されている。

茨城県に大地震が発生した際の被害想定

			茨城県南部地震（県南・県西地域）	F1断層地震（県北地域）	茨城県沖～房総半島沖地震（県央・県南・鹿行地域）
建物被害	全壊・焼失	冬深夜	3,600棟	12,000棟	9,500棟
		夏12時	3,400棟	11,000棟	9,500棟
		冬18時	8,400棟	14,000棟	11,000棟
	半壊	冬深夜	32,000棟	21,000棟	30,000棟
		夏12時	32,000棟	21,000棟	30,000棟
		冬18時	32,000棟	21,000棟	30,000棟
人的被害	死者	冬深夜	180人	730人	100人
		夏12時	90人	330人	50人
		冬18時	140人	630人	80人
	負傷者	冬深夜	4,400人	4,500人	2,300人
		夏12時	2,700人	3,300人	1,500人
		冬18時	3,500人	3,700人	1,800人
	重傷者	冬深夜	320人	840人	220人
		夏12時	250人	520人	170人
		冬18時	340人	660人	200人
ライフライン被害	停電率		84%	44%	86%
	断水率		86%	44%	87%
	下水道機能支障率		85%	44%	87%
	ガス供給停止率		64%	8%	0%
	不通回線率		83%	46%	85%

※茨城県地震被害想定調査報告書の被害想定結果を基に作成

東日本大震災以降、「想定外」という言葉はやや悪い意味を含んでいるが、大地震による被害をできるだけ少なく抑えるためにこうした細かいシミュレートを重ねることは大切だ。たとえ想定外の事態に直面しようとも、準備を進めておくことは決して ムダではない。その点でいえば茨城県の防災意識は褒められるものだ。

そして何よりスゴいのが、これらシミュレートをもとに４３８頁にも及ぶ防災計画を綿密に立てている点にある。あらゆるケースを想定し、即対応できるよう、どの部門がいつどうやって対応するかまで詳細に記されているのだ。あまりに膨大すぎて、ここでは紹介しきれないので、気になった方はぜひご覧になっていただきたい。その周到ぶりにおそらく納得することだろう。

行政を動かしているのは県民の防災意識の高さ

県がこれほど防災対策に力を入れるのは、そもそも県民の防災意識が高いからだ。２０１４年に県が実施した県民アンケートによると、大規模災害への備えについて、県民からは「不十分である」が69・7パーセントで最多だった。また、県民が暮らしやすいと考える街に「建物の耐震化など災害への備えが充実しているまち」への回答が12・1パーセントでトップ10に入っている。茨城人は厳しい防災基準をもち合わせているのだ。

そのため、家庭での防災・減災意識もかなり高い。大規模災害が起きた際、1日以上の備蓄をしている世帯は8割以上を占め、そのうち25パーセントは「4〜6日分」、12・5パーセントは「7日分以上」と回答。さらにここ1〜2年ぐらいで家族と防災について話し合ったことがある世帯は9割以上に及ぶ。東日本大震災の記憶が残っていることに加え、歴史的に地震災害に見舞われてきたから、防災意識がしっかりと根づいている。

遅かれ早かれ、関東地方は大規模な地震災害に見舞われるといわれている。地震の怖いところはよくいわれる通り、忘れた頃にやってくること。だからこそ日頃から入念に防災の準備をしておくことが肝心だ。意識の高い茨城県民であれば、そんなことはいうまでもなく承知だろうが、行政側もしっかり対策をとっているので、想定外の場合は例外として、基本的に信用していいだろう。

東日本大震災では21万棟以上もの建物が被害を受けた。交通インフラも崩壊し孤立した地域も

2011年の被害をもとに県では、地震リスクの高いエリアで入念な対策案を練っている

茨城県コラム 1

茨城の恋愛調査

ここでは茨城県の恋愛事情を掘り下げていこう。

次頁の表はソニー生命が全国の生活意識を調査し、都道府県別にランキング化したもので、とくに茨城の恋愛の特徴を表す項目を抜き出した。際立っているのは全国1位となった男性の年上好き。さすがというべきか、これは茨城男性のドMっぷりをよく表している。年上好きってだけでなんでドMなの？　と疑問を感じる方も多いだろう。確かに年上好きとひとくちにいっても、いろいろなタイプがある。甘えたいからだとか、尻に敷かれたいだとか、それぞれ年上女性との付き合い方は異なるだろう。だが、それらに共通しているのは「主導権は女性」という考え方だ。ちょっとした性癖といってもいい。

筆者は恋愛やセックス事情についてちょっとマニアックな著書（別のペンネームだけど）も執筆しており、恋愛心理学者からAV男優までさまざまな恋愛マ

茨城県民の恋愛の特徴
男性
年上の女性が好き（42%・全国1位）
女性
自分から告白する（26%・全国2位）
告白を待つ（64%・全国4位）
全体
相手に甘えたい（50%・全国3位）
恋愛は外見より内面（58%・全国3位）

ソニー生命「47都道府県別 生活意識調査2018（生活・家族編）」参照

スターに話を聞いてきた。実際に恋愛に関する専門的な分析データをもとに県民をタイプ別に論じたこともある。だからこそ指摘できるのは、「主導権は女性」という考え方の男性は、だいたい夜の方もドMである。天王町のソープ嬢も「確かにー！　こっちの人はドMが多いかも」と激しく同意をしてくれた。よく「茨城の3ぽい」なんて呼ばれて、茨城男性は怒りっぽいなどと指摘されているが、夜は喜んでガッツリいじめられていると推測する。

じゃあ、なんで男性がそれほどのドMになってしまったかといえば、おそらく女性の影響が強い。先ほどは子供っぽいと表現したが、これは裏を返せば我が強いということでもある。文藝春秋の調査によれば、茨城女性の特徴として「不倫をしたことがある」「恋愛は自由にするのが好きだ」「ケンカを売る方が多い」「性欲は強い方だ」など我の強さをことごとく表している。これらを総合して考えると、茨城女性は欲望に忠実で、他人をけっこう振り回すタイプが多いのだろう。

実は筆者が行きつけのバーにはかつて20代の鹿嶋女子が働いていた。話し方はおっとりとしていて、パッと見では怒るようなタイプには見えない。そんな彼女がバーを辞める際、マスターに吐き捨てたセリフが「ナメてんのかテメー」である。まさかの豹変にマスターは驚きを隠せず、思わず「すいません」と謝ってしまったそうだ。おそらく同じようなことが茨城県内でも起きている……と筆者は勝手に想像を巡らせている。

というわけで、茨城の恋愛はいわゆるカカア天下が基本じゃなかろうかと推測する。というか、筆者は確信を抱いている。ま、個人差はあるんだろうし、県南と県央でもちょっとちがうんだろうけど、あくまで傾向ってことでご勘弁を！

第2章
茨城県はやっぱりここがダメ

どうしてこんなに知られていない!?
恐ろしく知名度の低い観光地

観光客数も消費額もライバル栃木に完敗

「平成30年の観光客入込数が９５４３・６万人で、前年比２６６・９万人増、過去最高を更新」

これは茨城県の話ではない。かねてより「海を貸してやってる」などとうそぶき、どこかで自分たちよりも下に見ていた栃木県の話だ。日光東照宮を筆頭に歴史・文化財や温泉、登山が大人気のお隣さんである。外国人の宿泊数が堅調な伸びを見せており、同年の22万２９０４名はこれまた過去最高となった。

翻って我が茨城はどうか。実は……２０１８年の入込客数は６１８３・６万人と、県が調査を始めた１９７０年以降で過去最高を記録している。そんな数字を見せられても、とくに県内の商売人のみなさまには実感がない？　うん、そうかもしれない。人は来てくれるが、財布の紐が固いのだ。２０１８年の観光消費額は約２５５５億円で、前年比97・２パーセントと減っている現実がある。同年の茨城県への観光客１人当たりの消費額平均は６３２２円（前年比95・１パーセント）。宿泊客の平均は２万３３１３円で日帰り客のそれは３９４９円。茨城観光は圧倒的多数の「日帰り」客が、消費額を押し下げている。実数を見ると、２０１８年は宿泊客４９５・２万人に対し、日帰り客は３５４５・７万人。７倍以上が県内に宿泊せずさっさと帰宅、あるいは宿泊はヨソの県でという人たちだ。いくら東京に近く、高速網が発達したために「行きやすくて帰りやすい県」とはいっても、実に情けない。大きなお金が県内に落ちていないのである。ちなみに、栃木県の同年における平均消費額は、日帰り客が７２６２円、宿泊客は３万２０４７円。客単価でも負けている。

たとえば２０１５年は前年からグンと観光客数が増えた（前年比１１２・３９パーセント）。これは市町村による調査対象観光地点の見直しで計15カ所の観光地点が追加されたことがまずある。加えて同年には、国営ひたち海浜公園への来園者が急増した。外国人来園者による「一面に咲く美しいコキアやネモフィラ畑」のＳＮＳ発信をきっかけとして人気に火が付き、前年比36万８９３７人増の２１３万６６６８人という、過去最高の集客を記録したことも大きい。

全国区のスポットは筑波山と偕楽園だけ？

ところで、茨城が誇る全国区の観光スポットといえば、筑波山と偕楽園、前出の国営ひたち海浜公園くらいなもの。鹿島灘はあるが、海水浴は全国的に下火だし、大洗には『ガールズ＆パンツァー』の聖地巡礼という飛び道具はあるがどこまで続くか。日本で２番目に大きい湖の霞ヶ浦も、いってしまえば単に広いだけ。全国の人に観光地として認知されているスポットは案外少ないのだ。「牛久大仏は有名だっぺよ！」とお叱りを受けそうだが、周辺と有機的につながる観光地にはなっていないと見るべき。「あみプレミアム・アウトレット」とセットで行く人は少なくないが、総じて、リピーターを呼べる強力コンテンツとは言い難い。

茨城県の主な観光スポット
県北
袋田の滝、袋田温泉、大子温泉、国営ひたち海浜公園、竜神峡、日立市かみね動物園、花貫渓谷、五浦海岸
県央
アクアワールド茨城県大洗水族館、偕楽園、水戸城址、弘道館、千波湖、めんたいパーク大洗、水戸芸術館、笠間芸術の森公園、笠間稲荷神社、大洗海岸、涸沼
県南
筑波山、牛久大仏、あみプレミアムアウトレット、つくばエキスポセンター、霞ケ浦、牛久シャトー、ワープステーション江戸
県西
ミュージアムパーク茨城県自然博物館、結城の町並み、真壁の町並み、古河城址、道の駅グランテラス筑西
鹿行
鹿島神宮、カシマサッカースタジアム、水郷潮来十二橋めぐり、大竹海岸

※各種資料により作成

先に出た大洗は、昔は夏ともなれば海水浴場は文字どおりの芋洗いとなったが、それも今は昔。海よりプール。泳ぐよりインスタ映えする海の撮影が大事な時代。海水浴場は瀕死だ。ガルパン仕様のイタ車や自転車が押し寄せるイベントで一時的に街は潤うが、ある飲食店の料理人は「ありがたいってのは事実。でも、オタクの盛り上がりはまったく理解でぎねぇよ」と本心を吐露する。おまけに同氏は「アクアワールド大洗？　娘を連れて1回いったけど、何がおもしれえんだ？」。毎日さばく魚にしか興味がないようだが、アクアワールド大洗こそは、大洗町が誇るべき「サメ展示の全国ナンバー1」水族館であり、少なくとも関東圏では広く知られた観光スポット。これに気づかない人は氏以外にも割と多い。

県北には、日本三名瀑に数えられる袋田の滝（大子町）がある。岸壁が4段になった姿は圧巻だし、季節ごとに趣を変え、とくに真冬は真っ白に凍結した絶景となる。が、来訪者数は、2011年の震災時に減らしたのち微増したものの、かつての賑わいはない。

これも、周辺と有機的なつながりをもった誘導ができていないためではないか。大子周辺は「鮎の塩焼き」や「こんにゃく」、「リンゴ狩り」も楽しめるグルメ王国。さらに大子温泉、袋田温泉、月居温泉という3つの温泉地をもつ奥久慈温泉郷がある。しかし、袋田の滝は知られていても、温泉宿があるとは知らない人が圧倒的に多い。東京に近いから「待っていればそこそこきてくれる」時代は終わった。しかも今や温泉宿は、安価だからと割り切った大型施設と、思い切って奮発したくなる豪華で非日常を提供する高額宿に二極化している。その点この温泉郷がいくばくか、簡単ではないが大いに考慮すべきだろう。なお、2019年の台風19号被害により、JR水郡線の大子町内の西金〜常陸大子間が不通となっていたが、2021年3月末に運行が再開。この完全復旧を機に、大子および周辺温泉PRを官民一体で！　と願うばかりだ。

観光で県は失態の連続？

茨城には観光関連での失態がある。2011年、袋田の滝を含む県央・県北の自然が「茨城県北ジオパーク」として日本ジオパークネットワークに加盟が

茨城観光の主な長所と短所

長所
•外国人にウケがいい
•首都圏から気軽にお出かけしやすい立地条件
•特産品が多い
短所
•宿泊する場所と思われていない
•おもてなし感が不足している
•目玉となる観光スポットがない

※取材や各種資料により作成

認められたが、2017年に取り消されたのだ。理由は単純。やる気が見られないから。認可後の取り消しは全国初だった。取消2年前には「活動への理解や認識が低い」「地元自治体や住民団体などの連携が不十分」と指摘を受けていたのにである。袋田の滝が約1600万年前の海底火山由来だったり、日立には日本最古の地層が見えていたり、ひたちなかの平磯海岸では恐竜時代の化石が採れるなど、NHKの『ブラタモリ』で火が付いた地学的な面白みは満点だというのにである。当事者が認可で満足し「どうにかなっぺ」精神だったと思われても仕方がない。知的観光資源の潜在能力に、気づかぬ人・組織ということなのだろう。

県ではもうひとつ、観光客急増の機を逸している。人気を博した朝の連続テレビ小説『ひよっ子』は「奥茨城」という架空の地で生まれたヒロインの物語。架空だが場所はおよそ大子のほう、と県民なら誰だってわかる。その舞台として、ロケ地としてのPRが不足した。HPで公開していても、有機的な周辺観光PRでなければ多くは望めない。

他方で外国人来県者は、2013年の13・6万人が2018年には34・2万人と増加の一途を辿っている。この牽引役は、ずばり国営ひたち海浜公園だ。同園は阿字ヶ浦駅から徒歩約20分と遠く、ハイシーズンには阿字ヶ浦駅からシャトルバスが運行されている。勝田駅からのバスもあるが、いずれにしてもアクセスは不便。それを超える魅力があるため入園者が増えている、というわけだ。

同園の人気を受けて、勝田と阿字ヶ浦を結ぶひたちなか海浜鉄道湊線は、2024年度の予定で「国営ひたち海浜公園西口前」までの延伸を決定。数年前には廃止の声も聞こえていたローカル線が、起死回生の復活を遂げた。ただし、復活は日々の利用者あってのもの。ある鉄道ジャーナリストによると「鉄道会社は、通勤・通学の定期券利用者に支えられています。その点で湊線は、1年間の割安な学生向けの定期を発行し、それを地元の中高で説明したり、通勤者向けに終電を遅くするなどの努力をしています」。2008年度は約29・1万人だった通学定期利用者が2018年度には37・4万人に増加。同様に12・7万人だった通勤定期利用者は、約18・7万人に増えた。こうしてひたちなかは、茨城のインバウンドひとり勝ち状態だが、ひとつ忘れていけない事実がある。来園者増は「ツイッターやインスタグラムなど外国人のSNS発信」がきっかけなのだ。市や国立公園が呼びかけたわけでもなく、外国人が世界に発信してくれたおかげである。こうした点でも茨城の観光関係者は、周辺への気づきが足りないといわざるを得ない。

そろそろ全県を挙げた観光集客プランを本気で策定しないと、せっかくの観光資源が時を待てずに廃れ、宿泊施設は相次いで廃業なんてことになりかねない。それは偕楽園や筑波山も同様である。

※　※　※

２０１９年の茨城県のインバウンド消費金額は５万１６４１円で全国８位、同平均宿泊日数は10・３泊で全国2位と、観光地が弱いイメージとは裏腹に外国人に人気があった。こうしたデータを受け、外国人向きコンテンツの充実と受け入れ態勢をさらに整備していけば、国内有数のインバウンド観光県としての地位を確立するのではと思われていた。ところがコロナ禍で外国人観光客が激減。国内観光客の出足も鈍り、２０２０年上期の観光客入れ込み客数は約１８１２万人これは前年同期比でおよそ41パーセント減の数字である。

観光の大幅な落ち込みの中、健闘を見せたのが県南である。土浦が屋外レジャーのサイクリングで注目を集め、つくばでは訪日外国人と観光ガイドを直接つなげるマッチングサービス会社と市が連携し、２０２０年秋からリモートガイドの実証実験を行った。これは外国人に自宅にいながら筑波山観光などを楽しんでもらおうというもの。コロナ禍で国内需要の取り込もうとする自治体が多い中、つくばのこの施策には、インバウンドへのアピールを続けることで、新型コロナ収束後の外国人の誘客促進に繋げようという意図も垣間見える。

なぜそこにこだわる？地元グルメが二番煎じ

美味しいけれどメッチャ地味！

納豆、レンコン、干し芋。茨城県の名物といわれてまず思い浮かぶのは、このあたりの食べ物ではないだろうか。実際に食べてみれば、確かにどれも美味しい。たとえば、少々値は張るけれど、藁で直接包んだ納豆は大豆の味がしっかり感じられるし、日本一の生産量を誇るレンコンも、しゃきしゃきとした歯触りがたまらない。干し芋も、太陽の光を浴びて旨味が濃縮され、お茶請けにはもってこいだ。しかし、どれも物はいいし絶品なのだが、いかんせん地味なのである。

その地味さは、銀座にある茨城のアンテナショップ『ＩＢＡＲＡＫＩ ｓｅ

nse』に足を運ぶと実によくわかる。洗練された建物を前に、期待に胸を膨らませて店内へ一歩足を踏み入れると、待ち受けているのは銀座とは思えない質素な商品ばかり。むろん、質素が悪いわけではない。みな実力（味が良い）があるのは認める。しかし、これらを仮にプロ野球選手にたとえるなら、往時の読売ジャイアンツのバントの名手、川相昌弘のごとしで、力量こそあれど華がない。できれば大谷翔平クラスのスーパースターが欲しいものだが、今さら急造するのは困難か⁉

いや、諦める必要はない。現代にはB級グルメという切り札がある。2006年に第1回が開催された「B－1グランプリ」では、知る人ぞ知る地場グルメが大ブレイクし、スーパースターとして地域おこしに貢献した。SNS全盛の今なら、こういったイベントに参加せずとも、訴求力のあるB級グルメが口コミで全国に広まる可能性だって十分にある。

だが筆者はここでハタと考え込んでしまった。茨城の代表的なB級グルメって何だ？　心当たりこそあるものの、県外の認知度についてはさっぱり自信が持てない。そこで、茨城が誇るB級グルメをあらためて総ざらいしてみようと思う。

まずは、前述した「B－1グランプリ」への出場経験があるグルメから。公式記録によると、「笠間いなり寿司」が第7回大会より5回出場、「那珂湊焼きそば」が第10回より2回出場している（それぞれ2016年開催の特別大会を含む）が、残念ながらどちらも入賞したことはない。

笠間いなり寿司は、日本三大稲荷のひとつとされる笠間稲荷神社のある笠間市の名物。古くから参拝客や地域の人々の間で稲荷寿司が親しまれており、2005年に「笠間いなり寿司いな吉会」を発足し、PR活動を行ってきた。残念なのは、このいなり寿司の定義が厳密でないこと。稲荷寿司に入れる具材も店舗ごとに異なるため統一感がなく、ゆえに特徴が打ち出せていない。

那珂湊焼きそばは、半世紀以上に渡って地元で親しまれている焼きそば。「那珂湊焼きそばのれん会」が周知活動をがんばっているが、特徴として打ち出しているのは手延べせいろ蒸し麺の使用のみで、具材は各店でバラバラ。個人的には超美味いと思うが、さほどオリジナリティがあるわけではないので、群雄割拠の焼きそば界に食い込むのは少々厳しいだろう。「B－1グランプリ」に限っていえば、すでに富士宮やきそばと横手やきそばがグランプリを獲得しているし、二匹目のドジョウを狙うにも、時すでに遅し感が拭えない。

こうして「B－1グランプリ」に参加経験のあるふたつの料理を調べただけでも、「ちょっと狙いがズレてない？」とツッコミを入れたくなるくらいだから、茨城のB級グルメは推して知るべしなのかもしれない。が、中にはポテンシャルの高いご当地グルメもあるかもしれない。乗り掛かった舟だし、とことん調べてみっぺ！

模倣やパクリを一旦やめてみよう！

まず考察してみたいのは、県北の特産品である常陸秋そばだ。そもそも北部は、昼夜の寒暖差や土壌の水はけといった観点で蕎麦の栽培に適しており、1985年には県の奨励品種として認定を受けた。以後、常陸秋そばは全国的な広がりを見せ、都内のちょっとした有名店でもよく使われている。やや甘味があって香りも良いそばは地元でも人気があり、もりそばはもちろん、温かいけんちん汁につけて食べる「つけけんちんそば」なる郷土料理もある。こうやって書くといいこと尽くめだが、産地としての知名度は知る人ぞ知るで長野にはかなわないし、つけけんちんそばも、ご当地メニューとしてわんこそばや瓦そばに認知度は及ばない。

同じ麺類でいえば、水戸発祥の「スタミナラーメン」は独創性という点において、突出した存在感を誇っている。このラーメンの特徴は、ニンジン、カボチャ、キャベツ、ニラといった野菜類とレバーの入った甘辛の餡。この餡を、水で締めた麺にかけるのが「冷やし」で、温かいラーメンにかけるのが「ホット」(英語と日本語のいずれかで統一しないチグハグさが茨城らしくて好き!)。筆者もこの原稿執筆にあたり、約5年ぶりに冷やしを食べたが、甘辛くアツアツの餡とモッチリした太麺の相性が良く、相変わらず美味しかった。個人的には茨城のB級グルメとして一番推したいが、2011年に某店が東京進出した際は、1年と経たず閉店と大都会の壁にぶち当たった。この事実を考慮すると、このラーメンを受け入れる舌を持つのは、茨城県民だけなのかと勘繰ってしまう。まあ、大阪の551蓬莱(豚まんで有名)だって東京進出をしないことでその希少性を高めているのだから、茨城のソウルフードとして地元に根を張り手堅く頑張ればいいと思うが。

またラーメンといえば、県内の激戦区として知る人ぞ知るのがつくばである。昼時しか営業しない煮干ラーメンの行列店をはじめ、多彩なメニューでファンを魅了する気鋭のお店や、ラーメンの試食コーナーを設けている製麺所など、バラエティー豊かな顔ぶれがマニアに喜ばれている。だが、都市としての歴史が浅いつくばにはスタミナラーメンのようなご当地ラーメンはない（スタミナラーメンを食べられるお店はあるけどね）。「東京の人気店と遜色のないおいしいラーメンが食べられる」というだけでは、地域性のアピールは難しそうである。

お隣の土浦にもB級グルメはいくつかある。そのうち「ツェッペリンカレー」は、1929年にドイツの大型飛行船が飛来した際、土浦の食材を使ってカレーを振る舞ったことが発祥とされる。で、実際に注文してみると、ライスが飛行船の形で盛り付けられていてインスタ映えはしそう。味も平均点は超えているのだが、スパイスや定義にこだわる小うるさいカレーファンを納得させられるかといえば首をかしげてしまう（懐かしいカレーというカテゴリーならありか）。カレー自体への飽くなきこだわりや、札幌のスープカレーのようなインパクトがないと、地場のグルメとして認知されにくいだろう。

そして同じ土浦で変則的なグルメを推している地域がある。それが神立地域で、２０１７年より「神盛り」なるデカ盛りメニューをプッシュし始めた。毎年9月から11月にかけて15店ほどの飲食店が特製の神盛りメニューを提供している。が、東京の調布市では神立に先んじて２０１２年より「デカ盛りウォークラリー」を開催しているため、残念ながらこれも二番煎じ感は否めない。というか、街おこしというなら通年でやるべきだろう。

さらに県南地区では龍ケ崎コロッケが有名だが、こちらも各店が自由気ままにつくったコロッケを龍ケ崎コロッケとして売り出しているため、統一感がなく、地場グルメとしてはアピール力に乏しい。また鹿行地区の行方バーガーにしろ、魚をパティにするという個性はあるものの、やっぱりご当地バーガーの代表例である佐世保バーガーには太刀打ちできない。県西地区では真壁のうまかべすいとん、結城のゆでまんじゅうが有名で、どちらもおいしいけれど、悲しいかなメジャーデビューはできそうにない。

まったくもってダメ出しばかりで心が折れそうになってきたが、健闘しているものもある。それがアンコウとサバだ。１９９９年に『大洗あんこう祭』がスタートした当初こそ、各店のアンコウ鍋の味にバラツキがあったが、肝を炒めて出汁でのばしてから味噌を加えるというルールを共有し、地場グルメとして定着させた。

一方のサバに関しては、近年茨城が漁獲量1位であることが周知され、全国的なサバブームに便乗しようと躍起になっている。看板となる料理の開発に成功すれば、エースの座を任せられるかもしれない。

ただし、これらはあくまで希望的観測であり、現実はそんなに甘くない。とにかく茨城県民が意識したいのは、パクリや模倣を一旦やめること。それとカレーやラーメン、焼きそばといったメジャー志向を捨て、茨城ならではのニッチなメニューを作ったり、探し出すことが肝要だろう。たとえば果物なら、メロンや栗の生産量は全国1位なのだから、模倣ではないオリジナルのスイーツ開発などに専心すれば、少しは道が開けるのではなかろうか。それでももし二番煎じから離れられないのであれば、水戸や土浦にある「い●なり俺のジ●ギスカン」くらい堂々と有名店をパクった方がグルメとして話題になるかも。もちろん諸刃の剣なので、くれぐれも訴えられないように気をつけよう！

※　※　※

茨城県を観光県として飛躍させるには、訪れる動機となる「モノ」がやはり必要である。その点でグルメは動機となりやすい。だが、茨城県は豊かな県だが、超強力な食がなく、県外者が「これを食べたいから茨城へ」となりにくい。本編ではメジャー志向やパクリ・模倣をやめ、ニッチなオリジナルメニューの開発を提案した。だが、そもそも伝統があって質が最高、どこにも負けないと自負する食材や料理なら、それをとにかく突き詰めることで、人を呼び込めるはず。筆者はその切り札を「そば」と見る。ポイントは「ストイックさ」だ。つまり、ブランド力が高い茨城産の最高のそば粉と良質な水を用い、真面目な仕事をし、美味いそばを出す。そんな気概を持ったそば屋が増えれば、それが口コミなどで広がり、茨城が人気そば県になれる可能性はある。「本当のそば通は長野ではなく茨城に行く」。そんな評判が広がれば勝ちである。

昨今、茨城グルメと聞いて、いの一番に挙がるようになったのがスタミナラーメン。体に染み渡るような美味さである

茨城の冬のグルメの代表格といえば、あんこう鍋である。西のふぐ、東のあんこうと呼ばれる高級食材で、滋養強壮効果もある

火事場泥棒もよく現れる!?
窃盗多発で治安が悪い

水害&空き巣被害で最悪のダブルパンチ

２０１９年10月12日から13日にかけて、数十年に一度と呼ばれる超大型台風19号が上陸。日本各地に甚大な被害をもたらした。記録的な大雨により、全国で71河川１４０カ所の堤防が決壊。各地で水害が発生したことは記憶に新しい。茨城県でも那珂川や久慈川が氾濫し、17市町村で少なくとも１３００棟以上が床上・床下浸水の被害に遭ったと発表された。

なかでも、水戸市の水戸北スマートＩＣ付近は広範囲で浸水した。人的被害こそケガ人２名でおさまったものの、建物被害は全壊50件、半壊３４６件、一部損壊２９８件。２０１９年11月８日時点で、４世帯６名が避難所生活を余儀なくされている。2019年10月下旬に、筆者が現地を訪れた際には、その爪痕がまだ生々しく残されていた。飯富町のコンビニはまだ復旧の最中だったし、中古車販売店では、車のボンネットに他の車の後輪が乗っかっていたりもした。歩道には乾いた泥がこびりつき、水戸北スマートＩＣは閉鎖されたまま。どこか土臭いニオイがあたりを包み込み、休日にもかかわらず作業員たちが賢明に作業を続けていた。

そんな未曽有の水害による傷も冷めやらぬなか、水戸の現場では空き巣被害が発生した。2019年10月14日付の茨城新聞によると、提出された被害届は5件で、うち2件で金品の被害が確認されたという。いずれも住人が避難中に起きた出来事で、あまりのヒドさに開いた口もふさがらない。だが、これら二次被害に対する茨城県警の動きは実に早かった。すぐさま防犯メールを送り、管轄署による被災地域のパトロールを強化したという。茨城県警といえば、検挙率は全国でもワーストレベル。水戸人から「あいつら、いつ働いてんだ？」という話を耳にするぐらい評判が悪い。そのわりには、水害発生直後から注意喚起を呼びかけるなど、今回の対応はなかなか。評価されてしかるべきだろう。

茨城県の犯罪データ過去５年推移

		2015年	2016年	2017年	2018年	2019年
刑法犯	認知件数	29,085	26,607	24,809	22,550	20,312
	検挙数	8,896	9,216	8,067	8,181	7,286
	検挙率（%）	30.6	34.6	32.5	36.3	35.9
重要犯罪（殺人・強盗、放火など）	認知件数	248	241	204	235	200
	検挙数	196	187	167	188	164
	検挙率（%）	74.8	77.6	81.9	80.0	82.0
重要窃盗犯（侵入盗、すり、ひったくりなど）	認知件数	6,274	5,778	5,379	5,031	4,284
	検挙数	2,376	3,199	2,139	2,304	2,329
	検挙率（%）	51.1	55.4	39.8	45.8	54.4
暴力団犯罪	検挙件数	1,349	2,057	1,279	1,685	1,623
	検挙人員	607	601	586	593	538
来日外国人犯罪	検挙件数	351	474	804	647	445
	検挙人員	279	344	622	388	314

※茨城県警察「茨城県の犯罪情勢」参照

まあ、県警ががんばるのにはちょっと悲しい事情もある。2015年に茨城県常総市で起きた豪雨水害の直後、同市で窃盗被害が相次いだことが大きく影響している。2015年9月10日～11月26日にかけて常総市の浸水地域で発生した窃盗被害は全部で42件。そのうち23件は空き巣などの侵入窃盗で、車上ねらいや自動車盗難なども計16件発生した。このとき、警察庁は各都道府県警の被災後の対応方針を策定した。つまり、上からハッパをかけられていたので、素早い対応になったのだ。

ちなみに2014年の広島豪雨の際も同様の窃盗事件が起きたが、こちらの場合は2014年8月20日から2015年2月6日の期間で13件。常総市の3分の1にも満たない。期間も約半年で計上したもので、いかに常総市での窃盗被害が顕著だったかがわかる。かつての常総市に比べれば、水戸市の被害はまだ少なく済んだほうとはいえ、こんな事件が頻発する茨城県は、どうひいき目に見ても治安がいいとはいえない。県内どこでもガラの悪そうなオッチャンを見かけるし、絶滅状態という説もあるがいまだにヤンキーは根強く残っている。治安問題は茨城の泣きどころといってもいいだろう。

県内で悪さをするのは外来犯罪者たち!?

だが、いくら茨城の治安がよろしくないといっても、イコール茨城県民が悪いヤツばかりと決めつけられない。そもそも常総市の窃盗犯は、茨城県民じゃなかったりする。報じられたニュースでは、犯人は足立区の中国籍2人組だったり、川崎市の男と少年5人組だったりと、火事場泥棒のために、わざわざ県外からやってきたヨソ者が目立つ。もしかしたら不良外国人や都心の悪い輩に狙われただけなのかもしれない。だとすれば、都心から遠い広島は、外来犯罪者が少なかったおかげで窃盗が起きづらかったとも考えられる。決して茨城県民だけが悪いわけではなく、むしろ被害者だといえなくもない。

だが、もしこのようなヨソ者が治安悪化の原因だとしたら、ウカウカしていられない。というのも茨城県には外国人がけっこう多い。在留外国人数は6万6321人で全国10位（2018年12月末）。10年前と比較するとおよそ1万人も増えている。とりわけ2016年から2017年にかけて5000人以上も急速に増加した。ちなみに、常総市は県内で2番目に外国人が多い街。水害が起きた当時、窃盗被害が多発した水海道周辺は、ブラジル人街としても有名だ。もちろん外国人＝悪いわけではないが、大きな外国人街は、一部の不良外国人が紛れ込むには最適な環境で、治安という面では一抹の不安もある。実際に県内での外国人による犯罪は人口とともに増加傾向にある。

とある水戸人は、今回の窃盗事件について「どうせ外国人だっぺよ」といい放ち、なかなかの偏見っぷり。都内在住の牛久人も同じようなことを話していたし、わりと茨城人には「外国人＝ワル」というイメージが浸透しているのかもしれない（茨城人って先入観が強いんだよなぁ）。

茨城はもともと窃盗天国！　石岡とつくばは要警戒

外国人をはじめとしたヨソ者の犯罪が目立つせいか、悪い風評が立つと外部に押しつけがち（そう話していた人が多い）な茨城人だが、災害時だけでなく、茨城が窃盗天国なのは事実。２０１7年に起きた空き巣などの住宅侵入窃盗事件は2147件。全国で4番目に多い数字だが、これを人口10万人あたりの割合にすると、茨城県は全国ワーストとなる。

市区町村別に見ると、住宅侵入窃盗の犯罪率トップはなんと石岡市。その手口も巧妙化しているようで、葬式狙いの空き巣犯などが目立っている。同市では消防署職員も空き巣で逮捕される始末で、もはや誰を信用していいのかわからない状況だ。施錠していたとしても、窓ガラスを割って侵入してくるケースが頻発。警備会社と契約でもしないかぎり、防ぎようもない。田舎の広い家だから死角も多いため、おそらく空き巣にとっては狙いやすいのではないか（茨城の田舎はどこもそうだけどね）。

一方、乗り物の窃盗は田舎ではなく都市部で顕著だ。県内トップの犯罪率を記録したのはつくば市。つくば人は収入も多いし、どの家にもプリウスクラスの乗用車があるから、狙われやすいのかもしれない。自動車盗難が県内トップなのに対して、バイクの盗難が27位なのも、窃盗犯の狙いが明確だからだ。つくば市の研究者たちは窃盗犯にとってはいいカモなのかも。

最後に県内で犯罪発生率がもっとも高いのは土浦市。もともとヤンキーも多いし、北関東最大級の風俗街も抱えているから当然っちゃ当然なんだが、昔の土浦は外出時に施錠しなくても大丈夫な街だったんだがなあ。

※　※　※

警察庁が発表した2019年の犯罪統計で、刑法犯の認知件数が全国トップの都道府県は東京都である。人口規模を考えれば当然の結果で、犯罪者の逃げる場所も多いことから検挙率も低い（全国44位）。

だが田舎だから犯罪が少ないと一概にいえないのもミソ。茨城県は相変わらず住宅侵入窃盗率が高く、639軒に1件の割合で住宅侵入窃盗が発生している。これは全国ワーストだ。同犯罪の検挙率は全国14位とそこそこ上位なのは救いだが、この検挙率を今後どこまで上げられるかが茨城県警の課題だ。

ちなみに茨城県警が公表している2020年の1000人あたりの犯罪率で、土浦市がワースト1位から脱却した。かわって最下位になったのは坂東市だった。坂東市では2020年から2021年春にかけて住宅侵入窃盗が多発したというし、不審者の目撃情報も多い。境町で2019年に起きた殺人事件といい、県西は昨今ちょっと物騒である。

〝茨城名物〟といわれるヤンキーの現在地

現役ヤンキーは少数!? 元ヤンは地域に貢献

茨城といえばヤンキー。いつの頃からかこんな通説が定着するようになって久しい。確かに毎年成人の日には、ほぼ確実に式典で荒ぶる茨城ヤンキーの姿を拝むことができる。しかし、実際に茨城を歩くと、オールドスクールなヤンキーの姿はほぼ見かけない。

「たま〜に乱闘事件があったなんて聞くけど、全盛期に比べたらヤンキーの数は確実に減ってるよ。単車を転がしているのも、旧車會のOB・OGがメインで、若い子はほとんどいないんじゃないかな」

と、運送業で生計を立てているという元ヤンキーの40代男性に話を聞くと、こんな答えが返ってきた。さらに聞き込みを続けると、街で暴走族を見かけることも少なくなり、深夜に爆音の排気音で睡眠を邪魔されるなんてのも、昔より減少傾向にあるようだ。

よくよく考えてみれば、全国的にヤンキーがブームだったのは70〜80年代。90年代中盤になると、ヤンチャな若者はチーマーになるのが鉄板コースだった。その後、ラッパー系にエグザイル系など時代によって流行するスタイルは変わり、伝統的なヤンキーは希少種となった。この潮流は、茨城においてももちろん同じ。県民性を比較するような番組では、面白おかしく茨城ヤンキーの生態が特集されるが、絶対数は想像以上に少ない。その大半も、荒ぶるティーンエージャーというよりは地元志向のいわゆるマイルドヤンキーであり、反抗心はほぼ皆無。流行に敏感で気骨のある若者は、ヒップホップやスケートボードといった、エッジーなユースカルチャーの世界へと流れているのが現状だ。

それでは、かつてヤンキーとして青春時代を過ごした若者たちは、成人してどのような生活を送っているのだろうか。先述したように、単車の魅力に取りつかれたまま旧車會で活動を続ける元ヤンもいる。だが、彼ら彼女らも普段は

茨城ヤンキーの特徴

•髪型は金髪・茶髪、リーゼント、アイパー、剃り込み有り
•ゴールドのアクセサリー
•ジャージ系が主流でゴールド刺繍入りはベスト
•絶対的なタテ社会、地元が好き
•バイクや車は渋めの車種でもちろん改造、シャコタン
•チームを卒業後、起業するヤンキー多数

※各種資料により作成

カタギの仕事に就き、家族を大切にし、消防団や祭りといった地域コミュニティーの活動にもしっかりと顔を出す。模範的な社会人へと変貌を遂げているのだ。

同級生のほぼ半数がヤンキーだったという30代女性に話を聞くと、「若い頃の悪事が帳消しになるわけじゃないけど、忙しく仕事しながら積極的に地域のイベントに参加しているのは、やっぱりすごいと思う」と、その活躍ぶりを素直に認めていた。10代の頃（へタしたら20代になってからも?）、行き場のないフラストレーションを発散させるためにさんざん暴れまわっていたにもかかわらず、なぜここまで成長できたのだろうか。

そのヒントになるのが、1976年公開のヤンキーを題材にした映画、『ゴッド・スピード・ユー！BLACK EMPEROR』。暴走族チーム〝ブラックエンペラー〟新宿支部の面々を追ったドキュメンタリー作品だ（茨城支部の面々もちょろっと登場）。この映画では、ヤンキーの世界における上下関係の厳しさにもスポットが当たっているのだが、メンバーのひとりが発する「暴走族が務まらないようなヤツは、社会には出れないってことよ」というセリフが、ヤンキーの実像を言い当てているように思える。ヤンキーの世界に身を置くことは社会からの逸脱行為に思えるが、実際には規律が厳しく、若くして社会性が身に付くのである。

こうして育まれた元ヤンの精神性は、親から子へ、先輩から後輩へと確実に伝わっていく。地元愛の強いマイルドヤンキーに社会性が備われば、地域にとって頼れる人材になるのは確実だ。筋金入りのヤンキーが少ない現状は少々寂しくもあるけど、半グレになってシャレにならない悪さをするよりはマシと考えることにしよう。

昔ほどこうした典型的なヤンキーに遭遇する割合はだいぶ減ったが、いまも爆音を鳴らして疾走する輩は県内各地に存在する

つくば市で成人式の会場になるのがカピオ。毎年のように新成人が暴れるので、それを狙ったマスコミが殺到する

超の付く車社会にして交通マナーは名古屋並みの悪さ

千葉県民でさえ驚く茨城のアウトバーン国道

全国各地に存在するといわれている交通マナーのローカルルール。とくに有名なのが愛知県の「名古屋走り」だ。同県は、交通事故件数で毎年のように全国ワースト1位となっていて、運転マナーが特に悪いといわれている。「名古屋走り」の特徴は信号無視や速度超過、ウインカーを出さずに車線変更をするなど、とにかくヒドイいわれようだ。しかし、当の名古屋民ドライバーに指摘すると「そんなことない！」と赤ら顔で猛反論を食らうのが関の山。そもそも名古屋民は上京せずに名古屋で一生を終える人が多いので、他県との客観的な比較ができない。そのため、自身の運転マナーの悪さを自覚する機会がないのだ。

このように、運転マナーのローカルルールに無自覚な県民は意外と多い。それは茨城県も同じかもしれない。茨城県に存在するとされているのは「茨城ダッシュ」（茨城走りともいわれる）。茨城新聞によれば、「交差点を右折する際、信号が赤から青に切り替わる瞬間、急発進して対向車よりも先に右折する運転のことを指しているとして、その危険性を指摘している。ちなみに同記事内ではＪＡＦが行った交通マナーに関するアンケート調査結果を公表。茨城県で、自分自身が住んでいる都道府県の全般的な交通マナーについて「とても悪い」と回答した人の割合が、全国3位の67・2パーセントにも上ることを紹介している。というわけで、けっこう県民も自覚しているのかと思いきや、現地取材をしてみると、どうもあまり意識していないようだ。60代の大洗民が「茨城だけが特別悪いってことはねえっぺよ。千葉だってヒドイもんだ」と話していたように、住み慣れている県民からしてみれば、「茨城ダッシュ」なんて些末な問題なのかもしれない。

まあ確かに筆者もそれほど「茨城ダッシュ」に危険性を感じたことはない。

運転が荒いといわれる都道府県の運転の特徴

愛知県	名古屋走りはあまりにも有名
	信号無視、速度超過、ウインカーを出さない
	早曲り、歩行者無視、車線またぎなど悪評高い
大阪府	信号マナーの悪さは国内随一との噂
	青は進め、黄色も進め、赤は気を付けて進め !?
京都府	実は名古屋以上に凶暴とも噂される
	車線またぎ、右折フェイント、速度超過は当たり前？
福岡県	よく飲酒運転が話題に上る県
	車線変更や右左折でウインカーを出さない
長野県	右折レーンの交差点が少ない長野県松本市では、信号が青になるのと同時に右折するドライバーが絶えない
	もちろん直進車が優先
茨城県	長野県松本市とほぼ一緒
	信号が青になるのと同時に右折するのが茨城ダッシュ

※各種資料により作成

筆者は千葉県生まれなので、プライベートでお隣の茨城県を走る機会もこれまで多かったが、右折車が突っ込んでくるなんてチバラキでは当たり前だし、何より茨城の道は道幅が広くて、見渡しもいいから、「茨城ダッシュ」をされたところで、少しスピードを落とせば難なく回避できる。全国各地の道を走ってきた筆者からしてみれば、ピタリと後付けをして煽りまくってくる京都ドライバーに比べれば全然マシである。先のアンケートで全国ワースト3位なのは、他県からの移住民による意見も多いからだろう。慣れればどうってことないだろうに。

だが、そもそも茨城県でヤバイのは「茨城ダッシュ」ではなく、度を超したスピード超過だ。水戸市内や日立市周辺では道路が混み合っているので、それほど実感することはないが、海沿いの国道51号や国道124号では、どの車も飛ばす飛ばす。筆者もチバラキ流に若干スピードを上げて流していたが、片側2車線区間になると、待ってましたと隣をビュンビュン追い抜いていく。あくまで筆者の肌感覚だが、おそらく100～110キロは出ているだろう。それも1台や2台とかいうレベルじゃない。軽自動車だろうがスポーツカーだろうが、会社名がはっきりわかるトラックでさえそんな有り様で、筆者が知る全国各地に存在する「アウトバーン国道」のなかでも、トップクラスの速度超過っぷりである。パトカーも白バイも走っていないので、暴走天国って言ってもいい。千葉の国道16号もなかなかのアウトバーン仕様だが、それに慣れている筆者でさえ驚くほどだから、茨城民のスピード感覚は尋常ではない。そりゃあ他県からの移住民がビビるのも無理はない。

まあ、そんなスピード感で「茨城ダッシュ」をかまして正面衝突でもしたら、大事故になる。県警や茨城新聞が警鐘を鳴らすのは、県民の常識外れのスピード感覚のせいで、交差点での事故があまりに危険だからだろう。根本的な問題は右折車じゃなくて、このスピード感覚なのに、どうも県警もマスコミもそこはあんまり指摘しない。茨城で生まれ育ったら、あのぐらいの速度超過は許容範囲なのかもしれない。ちなみに、日立あたりでは渋滞が多いとドライバーが不満を漏らしているが、実際はたいしたことはない。ちょっと混んでる程度で、40～50キロぐらいで走れる。ただ、茨城県民にしたらその速度はノロノロ運転の部類に入っちゃうんだろうなあ。

意外と長寿県なのに……病院も医者も足りない！

人口に対する医師数は全国ワースト2位

茨城県は意外にも長寿県だ。まあ、2015年に厚生労働省が発表した「都道府県別にみた平均余命」を見てもらえばわかるとおり、〝意外〟とはいっても男女ともにランキングは30番台以下だが、何せ健康寿命が超優秀なのだ。塩辛いモノばかり食べている割に老人はいつまでも元気で、男女ともに健康寿命が全国10位以内というのは、大健闘といっていいだろう。

だがしかし、茨城県民は医療環境に恵まれていない。日本医師会による「地域医療情報システム」によると、茨城県の人口10万人あたり（以下、各項目も同様）の一般診療所数は47・48と、全国平均の68・14を大きく下回る（ちなみに病院数は6で、全国平均の6・52とほぼ同一）。また、一般診療所の病床数は57・63で、全国平均73・57にまったく追いつけず。さらに医師数も185・07人と、全国平均の237・27人とは約50人の差があるうえ、全国ワースト2位にランクインするという不名誉を被っている。

このような状況は、ひとりの医師に極端な負担を強いる。土浦協同病院を例に挙げると、約240名の医師が、1日約2200名の外来患者と、約550名の入院患者を担当せねばならないという。厳しい現実が目の前に横たわっているのだ。

関東平野の広がる茨城県は可住地面積がやたら広いが、各自治体の中心市街地から少し離れると、医療機関の数は一気に減ってしまう。そのため、山間部などの過疎地域に居住する人々は、遠方の医療機関まで出向かなければならなくなる。高齢者や幼子を持つ親にはリスクが大きく、緊急医療への不安も問題視されている。

二次保健医療圏としては、常陸太田・ひたちなか、鹿行、筑西・下妻の3つのエリアは、医師の数が全国平均の半分以下であり、医療過疎地域といっても過言ではない。このような地域では、他県および県内の隣接する医療圏への患者の流出が多く見られる。取材の過程で、常陸大宮市在住の80代女性から話を聞くことができたが、「家は常陸大宮でも、病院はここ何年も栃木の那須烏山まで行ってるよ。そりゃ市内で受診できればいいけど、病院もお医者さんも足りないってんだから仕方あんめえ」と、諦念を滲ませていた。

もちろん、県も指をくわえて見ているだけではない。2018年9月には、喫緊の課題として、「最優先で医師確保に取り組むべき5つの医療機関と診療科」を選定。常陸大宮済生会病院の内科、日立製作所日立総合病院の産婦人科と小児科、神栖済生会病院の整形外科、総合病院土浦協同病院の産婦人科、JAとりで総合医療センターの小児科に医師を招請するとし、徐々に人員を確保しつつある。

県内の中核病院は、県央および県南地域に集中している。しかし、いくらその数が多くても、土浦や取手には医師が足りない。この現状が、茨城の医師不足および病院不足の深刻さを如実に表しているといえるだろう。

緊急対策行動宣言で問題は解決するのか

安定した医療を提供するためには、早急に解決せねばいけない問題もあるが、中長期的に総合的な対策を練らねばならない。県知事は2018年3月、『茨城県医師不足緊急対策行動宣言』を発表した。医師・病院不足の抜本的解決に向けた5つのチャレンジを掲げているので、どんなものかチェックしていこう。

ひとつ目は、「『攻め』の姿勢で新たな視点からの医師確保」。有力者を〝いばらき医療大使〟として任命（人選はくれぐれも慎重に！）し、全国の医科大学への勧誘を実行。また、茨城にゆかりのある医師に対するＵＩＪターンの促進や外国人医師の受け入れ態勢の整備、医科大学の新設・誘致に向けた調査検討を目標としている。

ふたつ目は、「夢や希望を描ける『魅力』ある環境づくり」。女性医師へのバックアップ、病児保育支援体制の拡大、県内医師の海外派遣などによる技術力向上をサポートしていくという。実際、女性医師の割合は全体の3割を超えているそうで、この数字をさらに伸ばしていければ理想的だ。

3つ目は、「『医志』の実現を全力バックアップ」。正直、〝医師〟を〝医志〟と言い換える言語センス（この当て字から、〝人財〟や〝志事〟といった言葉を使うブラック企業を連想するのは筆者だけ？）は引っかかるし、在学中「実質金利ゼロの教育ローン」創設というのもうさん臭く感じる。が、2006年より制度をスタートした修学資金貸与者の拡大は、未来を担う医師の育成のためにしっかり整備すべきだろう。

4つ目は「地域医療の『コントロールタワー』確立」。この項目には〝新地域医療支援センターの確立〟という文言がある。これは、各地域の支援センターが連携をはかり、オール茨城で医療体制を充実させていこうという意味だろうか。

そして5つ目は「医療体制の充実で医師を『サポート』」。ICTやAIの活用による在宅・遠隔医療の推進、医療機関の機能分担および再編統合、チーム医療体制の充実による医師の負担の軽減を目標としている。

どんな物事においても、言うは易く行うは難し。だが、県は課題解決に向けて、すでにいくつかの取り組みを始めている。たとえば「『医志』の実現を全力バックアップ」に関わる範囲では、2019年度より県立高校および中等学校の計5校（日立一高、水戸一高、土浦一高、並木中等教育学校、古河中等教育学校）において、医学コースを設置。医学部進学者の増加および、県内の医療機関への就業者の確保を目論んでいる。

将来的に医学コースに進学した茨城っ子たちが、地元で働くことを願うばかりだが、さて。

筑波大頼みで難局を切り抜けろ！

さらに期待がもたれるのは、県内唯一の医科大学である筑波大学の役割の強化と、医師の地域偏在の解消だ。もしかすると「筑波大の機能を拡大させたら、より医師の偏在が進むのでは？」とツッコミを入れる人もいるかもしれないが、実はそうではない。

現在、県内に在籍する医師の半分は筑波大関係者といわれている。2009年に設置された地域枠（地域医療医師修学資金貸与制度）も順調で、2018

年度までに累計169名が入学、そのうち卒業生28名が県内の医療機関に勤務している。また、先述した医師数の足りていない常陸大宮済生会病院には、筑波大の救急科専攻医が派遣されるなど、県内全域に影響をもたらしているのだ。

その筆頭が、人口10万人あたりの病床数が県内最下位である筑西・下妻エリア。この地域は、ふたつの公立病院とひとつの民間病院が統合され、2018年10月に茨城県西部メディカルセンターとさくらがわ地域医療センターが新たに開院した（建設場所の検討で筑西市と桜川市が揉めに揉めたが、結果的には両市に1院ずつ建設されることで決着）。医師の確保に関しては、筑波大学附属病院と自治医科大学が合同で「茨城県西部地域臨床教育センター」を設置。やっぱりここでも、筑波大の名前が出てくるというわけである。

少子高齢化の影響で、2030年代前半には医師数の充足が見込まれている茨城だが、だからといって地域偏在がクリアになるわけではない。また、その前には団塊の世代が後期高齢者になる2025年問題も待ち受けている。まさに前門の虎、後門の狼だが、なんとか踏ん張っていくしかない。

医科大学の新設・誘致ができれば理想的だが、現実的ではないし、ビミョーなレベルの医科大ができてもそれはそれで困ったもの。当面は筑波大頼みで難局を切り抜けるしかなさそうである。

※　※　※

医師不足を問題の筆頭に、医療環境の格差や脆弱さを懸念した茨城県は、２０１８年に『茨城県医師不足緊急対策行動宣言』を発表した。ところが２０２０年春以降、別の意味での緊急事態が発生し、茨城の医療界はその対応に追われることになった。ご存知の通り、新型コロナウイルスの感染拡大である。茨城県が発表している「茨城県医療施設調査・病院報告」（令和元年版）によると、同レポートが調査した時点での県内の病院数は１７３。人口10万人あたりでは６で、これは都道府県で33位。病床数は３万８５４床。人口10万人あたりでは６２６・３床で、都道府県では39位。一般診療所は増加しているとはいうものの、病院数と病床数は年々減少か横ばいで推移している。そんな状況下でのコロナ禍である。

茨城県の新型コロナウイルス陽性者数の累計（２０２１年３月31日現在）は６７０３名。１日当たり最多は１５９名（２０２１年１月15日）。全国的に見て、とくに多いとはいえないまでも、県南や県西は、東京、千葉、埼玉への通勤・通学圏であることから、感染拡大（クラスター）の懸念は収束するまで続くだろう。実際、２０２１年の1月末から2月初旬の県内自治体別の人口1万人あたりの新規陽性者数のデータを見ると、我が国の指標におけるステージ3以上に該当する自治体は、県南と県西に集中しているのだ。

県内のコロナ病床数はおよそ６００床程度。先の首都圏のベッドタウン地域を抱えながら、医療崩壊を招くほどの切迫した状況に陥っていないのは、ある意味運が良かったともいえ、ウィズコロナの生活様式がデフォルトとなっている現状、医療環境の整備はさらに急ぐ必要がある。とくに医療従事者の確保と補充は課題で、新型コロナウイルスの他、さまざまな病気に対応できる人員の確保は必要不可欠であろう。

実は世間が新型コロナウイルスばかりに気をとられている間、がん発見が遅れるというケースが激増しているという。人の生命を脅かしているのは、当たり前だが新型コロナウイルスだけではないのである。

日立製作所が運営する日立総合病院。34の診療科があり、県北で唯一の小児の入院施設や、救命救急センターも完備

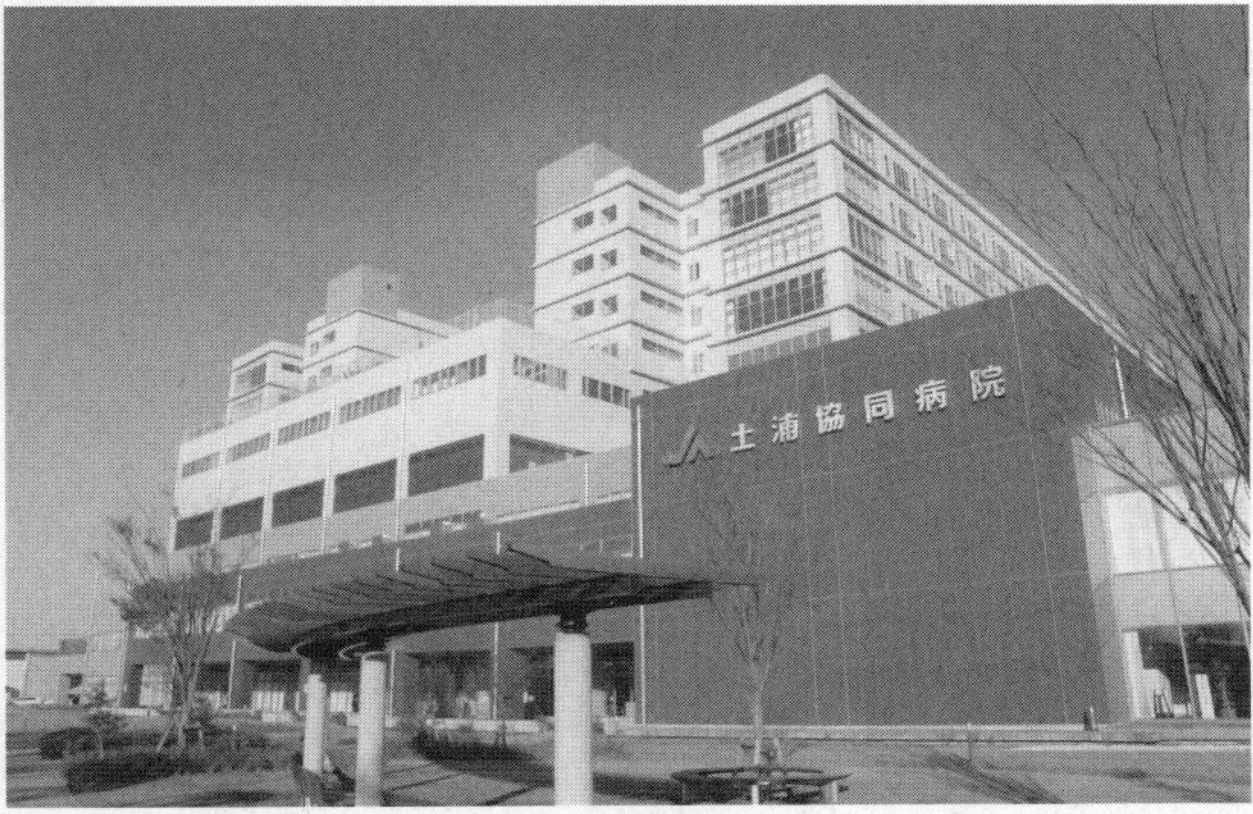

2016年に土浦市の郊外に移転した土浦協同病院。40の診療科があり、開業時点の病床数800は県内最大だった

ヨソ者が指摘するムラ社会の現状

旧住民の閉鎖性が新住民を辟易させる

少子高齢化の影響もあって、ゆるやかに人口が減少している茨城県。とくに県北地域の人口減は著しく、製造業の衰退も相まって右肩下がりの様相を呈している。他方、微増を続けているのが県南だ。多方面で指摘されていることではあるが、つくばエクスプレス沿線のつくば市、つくばみらい市、守谷市は、首都圏に通勤しやすく、また子育て世代にとって暮らしやすい環境が整っていることから、移住者が引きも切らない。

茨城県民の気質は、南北で差異があるとされている。大雑把にいえば、北部に保守的な人が多いのに比べ、南部は物事に対して寛容な人が多いというもの。

もちろん、同じ茨城県民だから、根がバカ正直でシャイといった共通項もあるのだが、県外から転入するのであれば、県南の方がなじみやすいように思える。ただし、いくら県南といえども茨城は茨城。どこか閉鎖的な空気が漂っていることも事実（まぁ、どこの地方都市にも共通していることではあるけどね）。

筆者は県南で生まれ育ち、高校卒業後に県外へ出たが、茨城で暮らしていた頃にも陰険な話をそれなりに見聞きしてきた。たとえば、ある地域に有力者の大工がいたとする。地域の人々は新築を建てる際や修繕をお願いする際、義理立てをしてその大工に仕事を依頼するのが暗黙の了解となっている。しかしある時、そのルールを破って県外の建築会社に建て替えの依頼をした人がいた。

「近所の大工さんはもう60代で、建てる家がちょっと時代遅れになってきていて。で、家をちょうど二世帯住宅にするってときで、セガレ夫婦が喜ぶような家にしたかったから、仁義を切って別の建築会社に依頼したわけよ。その時はムスッとしながらも『わかった』と返事をしてくれたんだが、その後が良くなかった。回覧版が回って来なくなるわ、連絡事項がおろそかになるわ、数年間は周囲もよそよそしくてまあ大変だった」

このように昔から続いている共同体の掟を破ったとき、ムラ社会の陰湿さがひょっこりと顔を見せる。土地柄がこうなので、茨城に越してくる人が不快な思いをしていないか若干の心配もあった。

そんな動機で取材に臨んだわけだが、結果は拍子抜けするものだった。ここ10年ほどで都内近郊から県南に移って来た人々は、大抵がニュータウンの住宅や高層マンションを購入しているので、旧住民との交流はPTAの会合くらい。若い子育て世代から「ムラ社会って、いつの時代の話ですか」と、苦笑いされることもあった。だがしかし、少数派ではあるが、茨城に来てから苦い思いをしている人は確かにいたのだ。

「地域の自治会に参加しているのはうちと同じような新住民がほとんどだから、嫌な思いをしたりすることはないですね。部外者だと思わされるのは、いくつかの自治会が協力して行うイベントのときです。僕ももう10年以上茨城に住んでいるわけだから、プレイヤーとして行事に参加したいんだけど、旧住民ががっちり仕切っているから、いつまで経ってもお客様のまま。楽しそうだから出店とかもやってみたいんですけど、その方法さえ教えてもらえない。夏祭りの時は毎年疎外感がありますよ」

もしかすると、旧住民側には「せっかく茨城に来てくれた人たちに、余計な負担をかけたくない」という気遣いがあるのかもしれない。都内から引っ越してきたシティー派の人々のなかには、地域コミュニティーにおける交流を一切望まない人もいるそうだから、新住民との交流が消極的になってしまうのも頷ける。だが、しっかり意思を伝達していなければ、人はいくらでも誤解してしまう。お互いに歩み寄れば、少しは状況もマシになるのではないかと思えた。

他方、県南以外の地域はどうだろうか。人口こそ減り続けているが、県は２０１８年度から茨城県へ本社機能を移転する企業に最大50億円の補助を行う企業誘致活動強化事業をスタートし、少数ながらＩＴ関連企業などの呼び込みに成功している。また、インターネットの発達でリモートワークが可能になったことから、茨城に移住してきた、あるいは2拠点居住（デュアルライフ）をしているという人も少なからずいる。ある東京から移住してきた新住民は「ゴミゴミした東京が嫌になって、夫と話し合って茨城での子育てを決意しました。正直言うと、最初はなじめるか不安でしたよ。車で農道を走れば、農作業して

ヨソ者をついつい奇異の目で見てしまう茨城人は少なくない。まあ警戒心は強いが仲良くなれば大丈夫

いる人たちが手を止めてジロジロ見てくるし、スーパーや役所でも遠慮なく視線を注いでくる。都会なら他人は放っておいてくれるけど、ここではそうはいかない。顔を覚えてもらってからは、食べきれないくらい野菜をもらったりして感謝する面もありますが、今でも濃厚な共同体意識にはついていけないと思うこともあります」と、戸惑っていた。

18の市町村が消滅可能性都市に指定されている茨城では、将来的に転入者の受け入れが必須だ。寛容な心でもって迎え入れてほしいが、茨城人は根が正直者だから、顔や態度に出ちゃうんだよね。

茨城県コラム 2

茨城であって茨城じゃない!?　五霞町の不思議

茨城県にありながら、県民の認知度が極端に低い五霞町。まず知ってほしいのは、この町の特異な位置だ。場所は県の西南端だが、東に利根川があるため茨城県からは切り離されており、加えて、西に行幸湖（権現堂調節池）、南に中川があることで、埼玉県ともほぼ分断されている。いわゆる「飛び地」のようなものである。四方を川に囲まれているから、かつては頻繁に水害が起こっていたが、度重なる治水への努力もあり、現在は安全に生活できるエリアになっているという。

その五霞町は交通アクセスが悪い。2015年に圏央道の久喜白岡JCT・境古河IC間が開通し、五霞ICが開設するまで、茨城県内から五霞町へ行くルートは4号バイパスのみだった。町内には鉄道の駅もないため、町民は埼玉県の南栗橋駅もしくは幸手駅を利用するほかない。かつてつくば市が、その交通の便の悪さから〝陸の孤島〟と揶揄されていたが、つくばエクスプレス開通後、いや、よくよく考えれば開通する以前から、五霞町こそこの称号がふさわしかったのである。

そんな街だから、トリビア的な話題は尽きない。たとえば人口は県内の市町村ではもっとも少なく、その数は1万人に満たない8500人程度。さほど遠くないさいたまスーパーアリーナであれば余裕で収容できる（2倍でもOK）人数だ。また、街の指定金融機関がなぜか埼玉県拠点の武蔵野銀行で、県内の市町村で唯一、常陽銀行の店舗およびATMがないのも特徴である。

もっといえば、医療機関においては、町内における診療所が4軒（内科2軒、歯科2軒）のみで、病院で診療を受けるためには町外へ出向かねばならない。保育・教育環境に関しては、私立認可保育園・幼稚園および私立認定こども園が各1園、小学校が2校、中学校が1校と、その数が極端に少ない。ただし少子化が進んでいるから、待機児童はゼロを継続中だ。大きなショッピングモールはなく、スーパーもコンビニも乏しく、光明はトラック運転手のオアシス「道の駅ごか」くらいのもの（名産のローズポークを使ったメニューが人気）。

圏央道にトイレが少ないため、1時間以内にETCゲートを通過して戻れば無料というルールで、パーキングエリアかわりに利用されている。

ただこう書くといかにも僻地に思えてくるが、工業立地は進んでおり、キユーピー、ヤクルト、共同印刷といった有名企業が工場を置いている。2015年の国勢調査によると、昼間人口は1万2224人で、昼間人口比率は139・1パーセントと県内1位。この影響で広域的なアクセスの利便性が向上、地価の上昇も続いており、2019年発表の東京圏における工業地変動率で4位にランクインしている。並立して農家人口も多く（町民の約半数が該当！）、美味しい米や野菜の生産地であることでも有名だ。

2003年に、足立区在住の女子高生の死体が遺棄される事件（早期の容疑者の逮捕を願う）こそあったものの、これまで五霞町は、きわめて平和な道のりを歩んできた。街が大きく揺れ動いたのは、埼玉県幸手市との越境合併を目指したときのみ。合併に反対する幸手市民（久喜市との合併を希望）のリコール運動で計画はあっけなく雲散霧消してしまったが、そんな悲しい歴史も「なんだか五霞っぽい」といってしまったら失礼だろうか。これからも、〝埼玉県五霞町〟といったイジリを涼しい顔で受け流し、独自路線で突き進んでいってほしい。

第３章
県都・水戸は どうなる？　どうする？

展望が感じられない水戸市街地再開発の今

水戸再生計画が進行中なのだが……

筆者は何かと水戸とゆかりがあり、子供の頃から親に連れられ、何度も訪れている。何を隠そうゲイバー初体験は大工町の某有名店でもある。というわけで、20年以上前から断続的に水戸の街並みを見てきた。

本書の取材で久しぶりに訪れた水戸は、以前よりも活気が失われていた。昼過ぎの商店街に人影はなく、夜の大工町では客よりもキャッチのアンちゃんのほうが多い。ベテランそうな黒服オッチャンが「今日も暇だろ」と路上で会話する声も聞こえてきた。人口約290万人を抱える茨城県の県庁所在地としては寂しい限りだ。中心市街地の通行量は1991年は約29万人だったものが、

2014年には約11万人までに減少。その減少率は62・3パーセントに上っている。水戸は、ここ20年であきらかに衰退の一途をたどっている。

とくに深刻なのが駅前商店街の空洞化だ。大型商業施設が相次いで撤退したのを皮切りに、小規模店舗も閉店ラッシュが続いている。中心市街地の空き店舗率は年々上昇し、大工町では35・6パーセント（2013年）にも達した。

そのため、地価の下落も止まらず、首都圏の県庁所在地としては唯一下落傾向にある。これまで県内最高値を誇ってきた複合ビル「マイム」の地価は、バブル絶頂期の1992年に1平方メートルあたり340万円だったが、2019年には27万円にまで下落。「つくば三井ビル」に首位を譲り、ブランド価値はつくばに追い抜かれたといってもいい。歴史があるとか知名度が高いからといって、あぐらをかいていられない状況に追い込まれているのだ。

そこで水戸では乾坤一擲の再開発に乗り出している。大工町に「トモスみと」をオープンさせたほか、泉町1丁目では目下のところ新市民会館を建設中だ。この周辺開発には水戸のおエラいさんたちも期待を寄せているそう。地上4階建てで、2000席の大ホール、さらに商業エリアも兼備。水戸芸術館、京成百貨店の間に立地し、このエリアに新たな人の流れを生み出そうと考えている。水戸は「芸術と文化」を大々的に打ち出してアピールする腹積もりだ。1990年のオープン以来、水戸芸術館は年間20万人以上の観光客を受け入れる重要な交流拠点となっている。周辺にはコンサートや演劇を見に来た客が、帰りがけにちょっと酒が飲めるようにこじゃれたバーもできたし、バスケットコートも新設された。周辺の風貌は大きく変わりつつある。

また、長年にわたって放置されてきたリヴィン水戸の跡地でも地上19階建ての住宅棟（約130戸）および地上13階建ての複合ビルを整備する方針だ。水戸駅北口のペデストリアンデッキを直通する予定で、ホテルやオフィス、店舗などが入る予定。更地だった駅前一等地の利用法がようやく決まったことで、関係者は胸を撫で下ろしたにちがいない。

不利な地理的条件と水戸気質が発展を阻む!?

だが、これら再開発がうまくいくかどうかは疑問が残る。確かに水戸芸術館は交流拠点ではあるものの、市民からの関心は低く、来館者の半分以上は市外からの訪問者。日常的に利用されているわけではなく、年間20万人ほどだから駅前商店街が活性化するほどの効果があるとは考えにくい。バスケットコートも、バスケ熱が高まれば多少は周辺の商店へも人の足が流れるかもしれないが、取材時に何度か覗いたところ、それほど利用者であふれ返っているわけでもなさそうだった。大工町は先にも触れたように相変わらずの閑古鳥。さらに客の多くは駅前から流れてきたわけではなく、ほとんどがキャバクラやスナックだけを目当てに夜な夜な自家用車でやってくる。つまり、周辺市街地に人の流れができているわけではなく、ピンポイントで行きつけの飲み屋に通っているにすぎない。その証拠に夜更け過ぎの大工町には、一般客を乗せるタクシーはなく、感覚的には9割以上が代行タクシー。徒歩で来ていた筆者は、結局タクシーを捕まえられず、約15分の道のりを千鳥足で帰るしかなかった。この距離感は、出張者としてはかなりツラい。筆者は南町のホテルに滞在していたからまだよかったものの、駅前のホテルに宿泊していたら、おそらく大工町に訪れることもなかっただろう。

そもそも水戸の市街地は、広範囲に及んでいるので、それぞれのゾーンへの往来がしづらく、一体的に連携させた開発が難しいのだ。そのため、芸術鑑賞なら泉町、夜遊びなら大工町と、来街者の目的も人種も各エリアで分断されてしまう。結果的に回遊性が低くなり、街全体に人が行き届かないのだ。全国各地の県庁所在地で、これほど散策が楽しめない街もめずらしい。これはまちづくりの歴史も影響しているため、すぐには解消できないデメリットでもある。結局、市民の足はイオンモールなどの郊外大型店舗に向いてしまう。一体的なまちづくりを狙うにしても、地理的条件がマイナススタートなので、なかなか抜本的な改革に踏み切れないのだ。

まちづくりをするうえで不利な条件を抱えているため、水戸の再開発は単発的なハコモノ開発になりがちだ。新市民会館にしたって、都内ではごくフツーの規模のホールがあるにすぎず、いくら芸術性の高い外観にしたところで、来街者にとって魅力的な施設になるかはビミョーだ。当の水戸民にしても「また芸術かよ」と苦笑を浮かべていた。おエラいさんたちが「リッパなもんができた」と自尊心を満たすだけで、本当に市民が待ち望んでいるとは思えない。行政と市民の意識とに大きなズレを感じてしまうのだ。

リヴィン水戸の跡地やマルイが撤退したマイムも同様で、いずれもオフィスビルになる方針がとられている。だが、茨城には新幹線が通っていないため、他都道府県の企業からしてみれば、本社から人材を送りづらく、魅力的な立地とはいいがたい。それでも東京からの高速バスは充実しているが、あくまで東京との往来に便利なのであって、水戸を拠点に各地を営業で回るといったことができない。まだ宇都宮のほうが企業としてのメリットは大きい。再開発でオフィスビルをつくるにしても、企業誘致を成功させるためには、こうした不利な条件を覆すメリットを提案できるかがカギを握る。じゃあ、企業にとって水戸に支社を置くメリットって何だって考えると……これがなかなか難しい。相当な営業力がなければ、再開発オフィスビルも空きテナントだらけになりかねない。

だが、水戸は営業マインドというか他人におもねるような文化が伝統的にない。誤解を恐れずにいえば、商売に向いていないのだ。たとえば、水戸民が経営しているような飲食店に入ると、およそ50パーセントの確率で「いらっしゃいませ」は聞かれない。何なら客側が「すいません」と声をかけないとバックルームから店員が出てこないこともある。ちなみに筆者が体験したなかで衝撃的だったのは、店員に注文を終えると、隣の客席で寝ていた人物がむくっと起き出して厨房で調理を始めたこと。これ、水戸民は常識なのかもしれないが、他都道府県ではマジでありえないからね！　ある意味、日本の常識が通用しないのが水戸という街なのだ。そんな風習にどっぷりな水戸民が営業活動に不向きなのはあきらか。

オフィスビルばっかりガンガンつくってるけど、本当に大丈夫⁉

※　※　※

2020年4月、水戸市はついに中核市へと移行した。むしろ県庁所在地なのに中核市でさえなかったことに驚きではある。じゃあ、中核市になって何が変わるのか。いろいろとメリットはあるのだが、最大のポイントは「これまで県にお伺いを立てなくちゃならなかったことを、水戸市の決定だけで進められる」ようになる点だ。知事を通さずに、各省庁の大臣と直接やり取りできるようになったのは大きい。まあ、市民がその恩恵を実感する機会はあまりないんだけどね。

中核市移行は、確かに喜ばしいニュースだけど、じゃあ再開発を含めたまちづくりはどうなってるかといえば、見たところ大きな変化はほとんどない。目下のところ新市民会館は建設中だし、そこに続く目抜き通りは、やっぱりシャッターばかり。コロナの影響も大きいのだろうが、2年前はあった小洒落た飲食店もなくなっていた。大工町も相変わらず人通りは寂しく、客待ちの代行業者がタバコをくゆらせるばかりである。前回取材からそれほど期間が経っていないので、ちょっと酷かもしれないが、街に漂う停滞感をぬぐえずにいるという印象が強い。

唯一変わったと実感できるのは、マイムの完成。デッキが完成しただけでなく、オフィスフロアにいくつかの企業が入居。さらに、近年は県による積極的な企業誘致策によって、企業進出が活発化し、注目を浴びつつある。このビッグウェーブに乗らない手はない！　結局、中核市に移行しても、水戸市単独で現状を打破するのは難しい。変な方向に水戸プライドを発揮して、孤立するのだけはやめようね！

進まない「水戸駅前三の丸地区第一種市街地再開発事業」。目立つ場所だが、ここに何をつくればいいのか迷走しそうな立地ではある

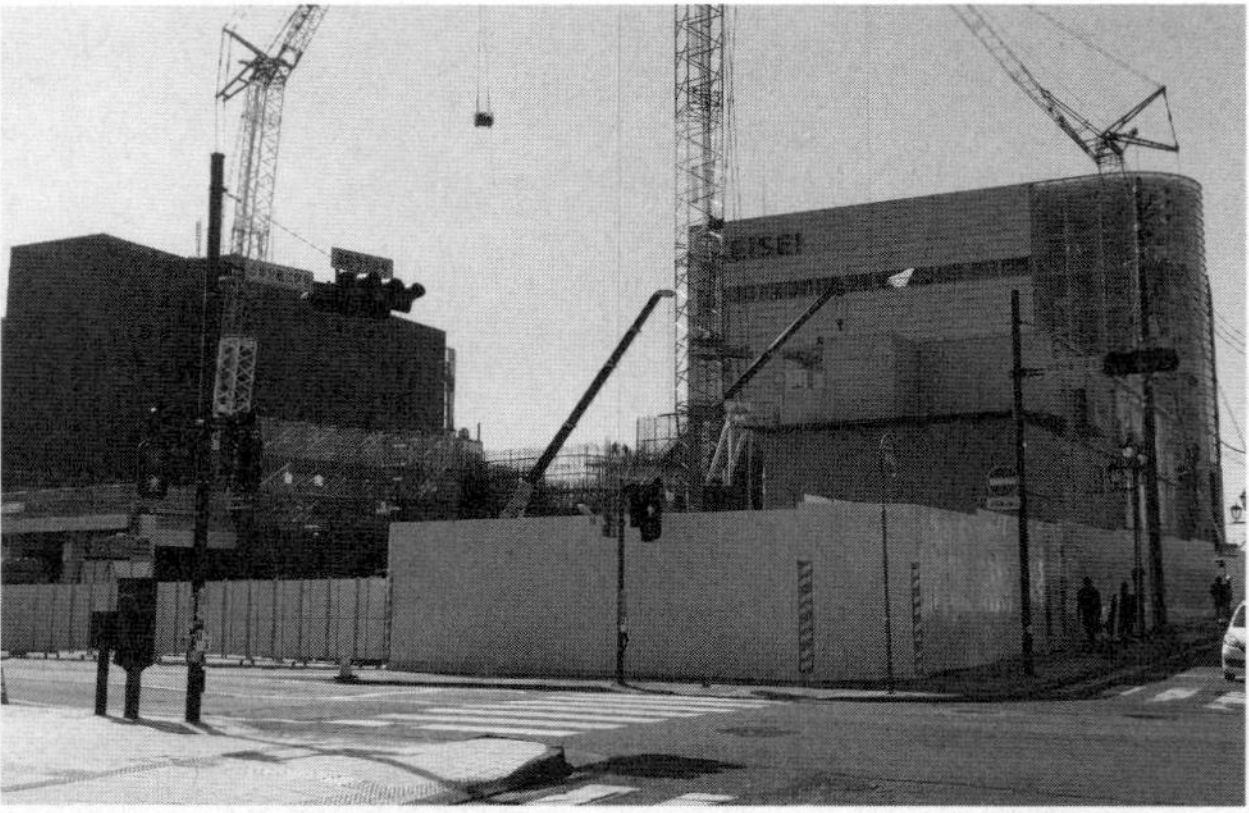

着々と建設中の新市民会館。新たな交流拠点としての期待値は高いものの、駅から遠いし、それほど魅力を感じないんだよなぁ

自慢なのはわかるけどリアルに弱い水戸コンテンツ

お土産選びにひと苦労する水戸の名物って何なのさ？

水戸で気の利いたお土産を買おうとすると、困ってしまうのも事実だ。筆者は納豆が好きなので、普段購入しているおかめ納豆以外のご当地モノを購入したが、そもそも納豆は好みが激しいのでお土産にはあまり向かない。仕事関係など、好き嫌いを知らない人に対するお土産には適さない。だから、当たり障りのない梅味スナックという無難な選択になる。

何も納豆が悪いといっているわけじゃあない。国民食として親しまれているし、健康にもいい。朝の食卓には欠かせないという人も少なくないし、ビジネスホテルに宿泊すると、全国津々浦々で必ずといっていいほど納豆がついてくる。どんなにホテルの朝食がみすぼらしくても白飯と納豆があれば何とかなる。筆者もチバラキ民のひとりとして納豆は最強クラスの万能食だと信じている。

だが、関西あたりじゃあ、チバラキの常識なんて通用しないし、どうしても納豆は人を選ぶ。そこで、他に目を向けると、どれもこれも魅力に乏しい。個人的に水戸の梅はけっこう好きだが、いかんせん知名度が低い。かつて同僚に買っていったときに「何これ？」と苦笑されてしまったこともある。のし梅も好きな人ならいいのだが、水戸の梅以上に地味。吉原殿中もしかりである。

このように、水戸は「これぞ水戸！」と誰もが納得するようなコンテンツに乏しい。もちろん水戸黄門が強烈な知名度を誇ってはいるものの、今や地上波では放映されておらず、ＢＳやＣＳの再放送でしか見ることができない。それに今どきの小学生は、そもそも水戸黄門という言葉さえ知らなかったりもする。世代によっては、水戸黄門はもはや国民的メジャーコンテンツではない。黄門さまは海賊王にとって代わられ、印籠のご威光もガチで目に入らないのだ。

だが、水戸は相変わらず黄門頼みのフシがある。どこにいっても黄門さまの石像や銅像ばっかりで、お土産も関連商品がことさらに多い。水戸藩らーめん

水戸の主な名産・特産

銘菓
水戸の梅、のし梅、吉原殿中
名物
納豆、水戸藩ラーメン、スタミナラーメン、梅干し、漬物、チーズなど乳製品
地酒
日本酒(一品、副将軍、月の井、菊盛、郷乃誉など)、梅酒(百年梅酒、木内梅酒など)、地ビール(常陸野ネストビール)、米焼酎
料理
納豆料理、アンコウ料理

※各種資料により作成

は、光圀公が日本で最初に食べたといわれるラーメンを再現したものだが、正直ご当地ラーメンと呼ぶにはインパクトが弱すぎるし、スタミナラーメンのほうが食指を動かされる（実際にうまいし）。挙げ句、マラソン大会にまで黄門さまを冠している。まあ偕楽園とか千波湖を通るから水戸黄門と関係なくはないが、コースはだいたいフツーの国道である。水戸黄門っぽいのは葵の御紋が入った完走記念メダルぐらいだ。水戸の人がどう思うかわからないが、何でもかんでも黄門さまにあやかればいいってもんじゃないと思うんだけどなあ。

御三家の歴史はスゴイが街並みはフツーの地方都市

このように、水戸がよりどころにしているのは御三家のお膝元だった歴史だ。市は中心市街地活性化の施策として千波湖や偕楽園周辺を「歴史のまちづくり」として新たな散策ルート「水戸学の道」を設定。ルートは全部で3つあり、それぞれ「光圀（義公）」「斉昭（烈公）」「慶喜（将軍）」と銘打っているのだが、ご存知の通り、だいたい同じ場所を巡るだけで、スタートとゴールはいずれも北口の水戸黄門・助さん・格さん像となっている。まあ、地方から来る黄門ファンは楽しめるのかもしれないけれど、歴史を打ち出すわりに道中に風情がなさすぎるのはいかがなものか。埼玉県の川越や千葉県の佐倉のように街全体が江戸時代の風情を残していれば、まだ散策の楽しみもあるってもんだが、場当たり的な開発で都市化が進んだ水戸は、歴史の街っぽい空気感はあっても、そこかしこで歴史を実感することはほとんどない。弘道館などの史跡スポットが点在しているが、散策そのものが楽しいかどうかはビミョーなところだ。第一、コースを設定したからって回遊性が向上するという目測は甘すぎる。もし歴史を前面に打ち出したいのなら、まちづくりを根本的に考える必要がある。一応、市も景観については気にしているようで、リヴィン水戸の跡地にできる複合ビルについては、「歴史ある水戸の玄関口にふさわしい和風の景観」になるよう働きかけているらしい。ただビルがひとつだけ景観を和風建築っぽくしたところで、現状の駅前は現代的で雑多な景観なのだから、今さら感がハンパない。これだけ都市化が進んでしまった今、これから歴史的な街並みを形成するのは容易じゃない。黄門さまの知名度は高いが、歴史でコンテンツを強化していくのは難しいのではないだろうか。

一方、景観という意味で、偕楽園には一日の長がある。毎年2月中旬～3月下旬にかけて開催される梅まつりは、１２０年以上の歴史を誇るだけあってなかなか見事だ。何度か訪れたことがあるが、一面に梅の花が咲き誇る様子は一見の価値アリ。東京都内の花見のように木の根元にブルーシートが敷かれることもなく、花のひとつひとつまで、比較的近寄りやすいため、個人的にはＳＮＳ映えするのではないかと思う。夜のライトアップなんて、いかにもＳＮＳ狂いの若者にウケそうな光景が広がる。より口コミに近いかたちでＰＲできれば、若者だけでなく外国人にも訴求できるかもしれない。ただ、梅は桜に比べてやや地味な印象があるので、積極的に写真を活用してアピールする必要があるだろう。

そんな実力派コンテンツの偕楽園に驚きのニュースが飛び込んできた。なんと2019年11月から入園料を徴収するようになったのだ。料金は大人300円、小中学生と70歳以上が150円となった。この入園料、普段は県外客限定だが、梅まつりの期間だけ県民からも同額を徴収する。有料化によって年間1億3000万円の増収を見込んでおり、この収入を元手に園内に休憩所などを設けて利便性を高めるとしているが、有料化が集客にどのような影響を与えるのかは出たとこ勝負。ただ、有料化するってことは、これまで日常的に訪れていたじっちゃんばっちゃんたちが行きづらくはなるだろう。300円を高いと見るか安いと見るかは偕楽園のコンテンツ力と今後のPRにかかっている。詳細は次項で触れるが、周辺観光の施策計画を星野リゾートに委託するらしい。まあ、これまでの行政の体たらくを見るかぎり民間に頼るのも悪くないように思える。いずれにしても偕楽園の命運はヨソ者に託されたわけだ。

地元民のオアシス千波湖は来街者には冷たい⁉

偕楽園が日常的に利用しづらくなったことで、今後じっちゃんばっちゃんたちの憩いの場はおそらく千波湖になるだろう。

今回の取材で千波湖に訪れたのは土曜日のこと。週末とあってひっきりなしに車の出入りがあり、園内は小中学生からファミリー、高齢者に至るまで水戸民たち（だいたい茨城弁だったし）であふれていて、なかなかの盛況だった。千波湖は休日の午後をのんびり過ごすには最適で、地元民からどれだけ親しまれているかがわかる。実は、この千波公園は都市公園としてニューヨークのセントラルパークに次ぐ世界2位の広さを誇る。総面積は３００ヘクタールで、セントラルパークの３４０ヘクタールとそれほど大差はない。都市部の近くにこれだけ大きな都市公園があるのは、水戸の強みともいえるだろう。しかも、千波湖周辺は生き物の宝庫。水面を覗き込めば、コイやフナなどの淡水魚を目視で確認できるほど。そんな魚を狙って多様な水鳥もやってくる。豊かな自然に触れられる場は、意外と住みやすさに直結していて、大都市圏からの移住者たちを惹きつけやすい。千波湖は水戸に住むうえでのメリットになるはずだ。ちなみに夜の千波湖はファミリー層からカップルたちに変わり、ちょっとしたイチャつき場にもなる。かつては〝千波湖バコ〟なんてジョークもあったらしい（水戸一高の卒業生談）。とにもかくにも地元民をつなぐ重要なスポットであることに変わりはない。

だが、筆者にはひとつだけ許せないことがある。千波湖に車で向かうと旧ボウリング場の脇道から駐車場に入ることになるのだが、すぐ左手に駐車場の看板が見える。そこには〝有料〟の2文字が躍っており、「まあしょうがないか」とその駐車場に停車。プレハブ小屋から出てきたオッチャンは不愛想に「500円ねー」と、さも当然かのように徴収した。車から降りて、湖畔に向かおうとしたその時、今度は別のオッチャンに呼び止められたのだが、そこで衝撃的な事実を聞かされたのだ。「あんちゃん、こっちに停めちゃダメだよ～、向こうに無料の駐車場があんだから～」と……。確かに車の流れは無料駐車場に向かっていくものばかりで、筆者が停めた西駐車場はガランガラン。イベントなどでの混雑時には、こちらの駐車場を利用することもあるのだろうが、そんなこと県外からの訪問客がわかるはずもない。注意してくれたオッチャンは「次から気をつけな〜」と親切にしてくれたが、正直だまし討ちを食らったような気分だった。しかも、この有料駐車場の運営は、水戸観光コンベンション協会。無料が空いてるなら案内ぐらいしてくれてもいいもんじゃないか。たかが500円だと思われるかもしれないが、払わなくてもいい金を払わされることほど頭にくることはない。しかも、入ってすぐにあんな案内看板まで出されたら停めてしまうのがフツーだ。そもそも園内に無料と有料の駐車場が混在していること自体、ややこしい。

そりゃあ地元民ならわかってるだろうから苦もないだろうが、来街者への配慮があまりに足らなくないか？　せっかくの名所なんだから誰もが気持ちよく利用できるようにしてほしいものだ。

※　※　※

数少ない水戸コンテンツで、近年ひと際目立っているのが、某納豆専門店である。ただ、決して喜ばしい目立ち方じゃない。おもにネットを中心に炎上しまくっているのだ。当初はクラウドファンディングで投資した人が特典として取得できる無料パスポートを、店側に取り上げられてしまったという報告が相次いで、ネット民から非難の集中砲火を浴びた。この火がずっと消えることなく、まさに納豆のごとく粘着され続けているのだ。オープンの話を聞いたときは、水戸アイデンティティを活かした店になるのではないかと密かに期待していたのだが、地元民に聞いても「変なウワサしか聞かない」と敬遠されがち。うーん、発想は悪くなかっただけにもったいない！

というのも、これほど炎上したということは、この納豆専門店の注目度や期待値が高かったということの裏返しでもある。納豆は地味なコンテンツではあったものの、活用法次第では、まだまだ爆発する可能性を秘めているのだ。そもそも水戸のコンテンツは、良くも悪くもニッチ。その狭い需要を深く掘り下げるような視点が重要なのではなかろうか。その意味では、納豆はまだまだイジリようがあるとは思う。水戸市民はメジャー路線を狙いがちだけど、マイナーだって極めればメジャーに打ち勝つことだってあるのだ。

水戸は人を呼べる街か？　観光都市としての限界

偕楽園と黄門様頼みじゃ観光客減少も当たり前？

「観光関連事業者や観光団体及び行政が積極的に連携することによって……観光資源の創出を図るとともに、それらの回遊性も高め……おもてなし力の向上……周辺地域との広域的な観光資源の連携……各種メディア等を活用した積極的なPR活動も重要」

まったくその通りだ。これは2015年に高橋靖・水戸市長の『水戸市観光基本計画（第3次）』での巻頭発言で、同計画書は「おもてなしと歴史・文化・自然によって新たな感動に出会えるまち水戸」を目指すとしている。

コロナ禍以前、茨城県への観光客は一応、増えていた。そんななか、3年前

周辺自治体に依存する水戸

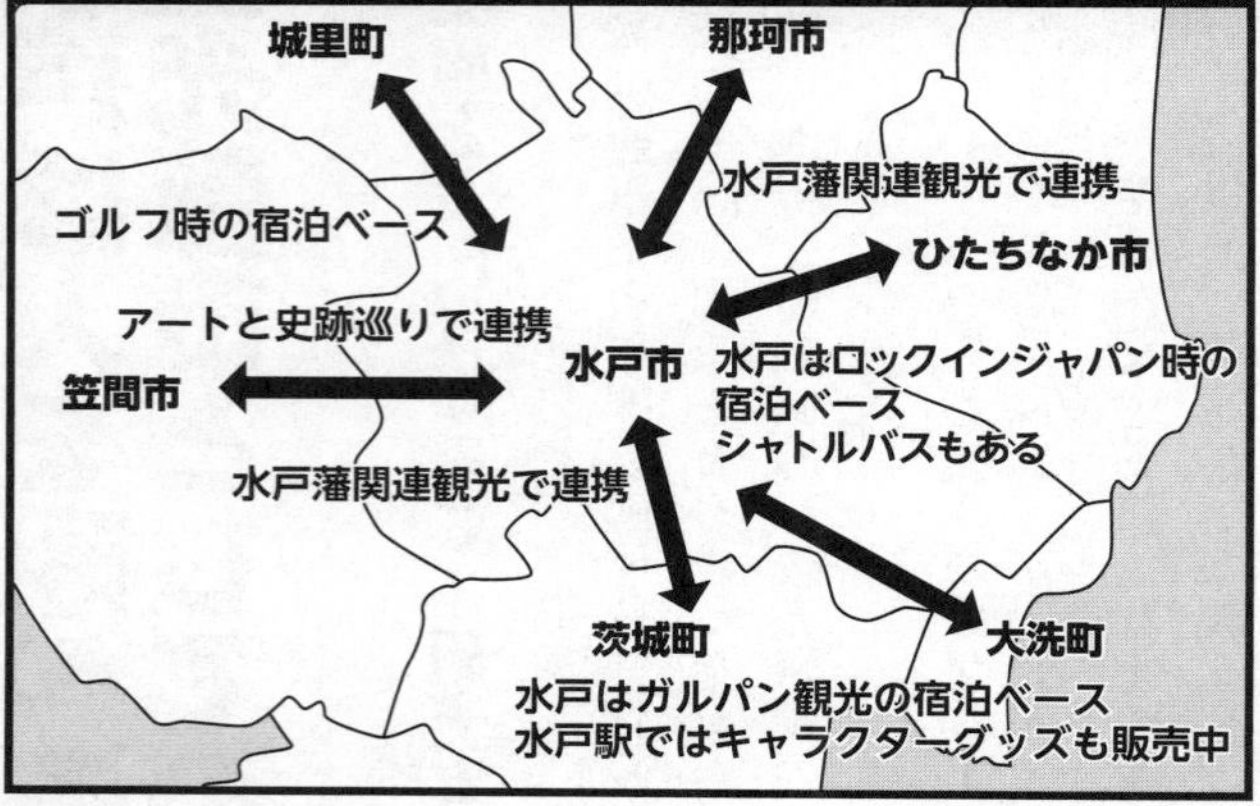
城里町
那珂市
水戸藩関連観光で連携
ゴルフ時の宿泊ベース
ひたちなか市
アートと史跡巡りで連携
水戸市
水戸はロックインジャパン時の
宿泊ベース
シャトルバスもある
笠間市
水戸藩関連観光で連携
茨城町
大洗町
水戸はガルパン観光の宿泊ベース
水戸駅ではキャラクターグッズも販売中

の宣言も虚しく、２０１８年になって水戸市への観光客は減少した。

２０１８年の県内観光客動態調査によると、市町村別１位は大洗町で約４５３万人。２位はつくば市で約４２２万人、３位がひたちなか市で約３９２万人、水戸市は約３６８万人でようやく５位。前年から約30万人減らした。

やはり、偕楽園（梅まつり・ライトアップ）と水戸黄門（水戸黄門まつり）だけでは、観光目的で水戸へと人はやってこないのだ。しかも梅にしろ黄門にしろ、「お祭り期間」は決まっており、通年で人を呼べるわけではない。それゆえ市も、連携や創出、回遊性、おもてなし……といったワードを掲げるわけだが、水戸人は立派なことを口にする割に行動は早くない。とりわけ水戸台地に暮らす人々の「武士は食わねど高楊枝」的な気質、徳川の城下町というだけでふんぞり返ってきた歴史がある。県庁所在地だから、必然的に行政関係の出張族は多いし、かつて県央では水戸にしかデパートも映画館もまともになかった時代が長くあったのも天狗になる遠因か。そんな水戸に南隣の茨城町出身の70代元教師は「徳川様っていっても、同じ御三家の尾張や紀州とは扱いがまるで違ったじゃないのよね」とグサリ。石高だけで見ても尾張62万石、紀州56万石、水戸35万石なのである。だいたい『水戸黄門』はあくまでも創作物語であって歴史とはほど遠い。それに今もすがってるんだから驚きだ。これぞ、自分で作り出すわけではなく、他人任せの水戸流だろう。

そもそも「正史」を語れば、光圀公は好々爺ではなく破天荒な言動で知られ、水戸徳川家といえば頼房公から語られるべきだ。他方で、御三階櫓（天守のようなもの）が空襲で全焼したほか、水戸城域は行政機関や学校のほか、開発が進んでしまっており「これがお城！」という強力なアイテムはない。魅力的な

「歴史遺産」は局所的には残るが、「歴史」で大勢の客は呼べそうにない。

観光拠点化もダメなら有名リゾート会社頼み

思えば2010年3月、頭の固い役人も「水戸っぽ」然とした連中も予想だにしなかった事件が起きた。いわゆる「萌えおこし」イベントとして、当時廃墟と化していた伊勢甚泉町北ビルを中心会場として開催された「コみケッとスペシャル5in水戸」の大盛況である。ご存じの方は、あの賑わいを走馬燈のように思い起こすことだろう。

そもそも「コみケッと（コミケット）スペシャル」は、5年に1回、通常のコミケとは別に催されるスペシャル版。2010年、その舞台に水戸が選ばれたのだ。そして「オタクのイベント？　知んねぇそんなの」と理解不能なおっさんらを尻目に、人が来るわ来るわの大フィーバー。2日間で動員3万人超。こうなりゃ「北関東サブカルの聖地」として、水戸は盛り上がっていけるか。少しだけ期待したが、そうじゃなかった。保守的で変化を望まない水戸人（とりわけ政治家や大地主）は、やる気のある若い芽も摘んで、見事にチャンスを逸した。文化ってのは、きっと地道にじっくり時間をかけて理解され根付くものなのだろうにねえ。嗚呼、もったいない。

急に人を呼べない現状を考えたとき、もはや水戸は、国営ひたち海浜公園＆ロックインジャパンのひたちなか市、水族館にガルパンの大洗町などへの来訪者の拠点、宿泊地として生きるしかないんじゃないか。これぞ新しい「連携」であり、ついでに「歴史観光などしていただければ」という謙虚なアプローチはどうか。

と思ってみたが、現実は甘くない。「人は入っていてもホテルは（儲けるのが）難しいって嘆いてるよ、どこも」と事情通。一方で「地元経営のビジネスホテルは、朝飯に納豆さえ出してりゃいいって感じ。言葉も態度も雑で接客業は向かない市民性？　あれなら大手のチェーンに泊まるわ」なんて県外者からの非難の声も多い。根っこにあるのは「おもてなし文化」の欠如にほかならない。

苦境に立たされた水戸市が選択した奥の手が、偕楽園〜千波湖周辺開発の「星野リゾート」への委託だ。同社は、県南の土浦も頼る総合リゾート開発会社。

良し悪しもプライドも捨てて、人に任せたのも前進なのか。ともかく市は、震災で廃墟となった（前から人気はなかった！）ボウリング場跡地を約3億7600万円で取得（約45パーセントは国の補助金）するなど、すでに本腰を入れている。取材時点で詳細は明かされていないが、広大な土地と湖がある環境に一縷の望みがある。まず、梅まつり期間だけ停車する偕楽園駅からも近く、期間中のにぎわいは鉄板級だろう。

が、観光客の誘導を誤れば、水戸駅前～かつての目抜き通りは一層シャッター化が進んでしまうだろう。

※　※　※

茨城県が命運を託した星野リゾートが任されたのは、偕楽園・歴史館エリア。星野リゾートはすぐに「偕楽園・歴史館エリア観光魅力向上構想」をまとめ上げ、このプランをもとに県の有識者会議が「偕楽園魅力向上アクションプラン」を作成した。要するに周辺観光に関するプランがまとまったわけだ。

たとえば、偕楽園公園内にはレストランやテラスガーデンが新設されることになっている。常陸牛やメロンなどの県特産品を活用したメニューが提供される見込みで、結婚式場や迎賓館としても利用できるそうだ。コロナ禍で激減した観光客を呼び戻す起爆剤として期待しているらしい。

でも、ちょっと考えてみてほしい。結婚式場みたいな厳かな雰囲気のレストランは、見栄えはいいかもしれないけど、そこまで観光目的で利用するか⁉　あくまでプランの一環ではあるけど、この施設だけで起爆剤というのは、ちょっと言いすぎではないだろうか。

そもそも星野リゾートの案がすべて採用されたわけではない。千波湖周辺に円環状の橋をかける「Ｍｉｔｏ　Ｌｉｎｋ」計画は頓挫。結局、「景観を統一」するという地味なプランに落ち着き、目ぼしいのは先述したレストランぐらい。理念とコンセプトは「偕楽園の思想の共感＝斉昭の思い」だそうだ。なるほど、景観を統一するだけで、結局は現状維持ってことか……。何とも水戸らしい発想ではあるけど、星野リゾートが入ってもこの体たらくじゃあ、劇的な変化なんて起こりようもない。まあ、変化を望まないんだったらそれでいいけど、現状のままじゃあ厳しいってことは理解しておいてほしい。

抽象的すぎる「魁のまち」水戸は何を目指しているの？

市民はまったく知らない水戸の「魁のまちづくり」

商業の衰退や観光の低迷を受けて水戸市はテコ入れを図るべく、２０１４年からまちづくり改革を実施している。その名も「みと魁プラン」。魁という名称は、徳川斉昭公にちなんで付けられたものだが、言葉そのものの意味は「先頭をゆく、首長」や「大きくてすぐれている」など。いわく水戸都市圏のリーダーたるべく、「笑顔あふれる安心快適空間　未来に躍動する魁のまち・水戸」を目指していくそうだ。まあ、そんな理念ばかり論じていてもラチがあかないし、市民にはあまり浸透していないようなので、さっそく具体的なプランについて検証する。柱となるプロジェクトは大きく分けて４つ。市が公表している資料（第1期）をもとに要点をまとめてみた。

①未来への投資

子育て環境の改善をし、水戸スタイルの教育を確立。子どもの基礎学力アップを狙い、さまざまな分野でリーダーとなれる人材育成を目指す。

②災害に強いまちづくり

災害の予防や減災に向けて、防災拠点やライフラインの整備を実施。組織づくりにも取り組み、防災訓練などを拡充する。

③観光集客力アップ

現状の観光資源の魅力強化を図るとともに、海外への情報発信やフィルムコミッション、おもてなしマイスターなどを育成し、観光力アップを狙う。

④まちなかにぎわい・活力創造

空き店舗の活用を促進、企業誘致コーディネーターを活用するなど、中心市街地を活性化。再開発事業を通して新たな交流拠点を創造する。

前項までに述べてきた水戸市のまちづくりは、おしなべてこのプランを土台にして考案し、実行されている。歴史的なまちづくりにしても星野リゾートへの委託にしても、すべては「魁のまちづくり」を目指してのことなのだ。

この「魁のまちづくり」は2018年度で第1期が終了。2019年度からは「魁のまちづくりNEXTプロジェクト」として第2期が再スタートする（左表参照）。その際、第1期では4つの柱に対して具体的な目標値が設けられていた。そうして第2期ではそれらの達成度を踏まえ、新たな目標値が再設定されている。というわけで、第1期の目標値がどれだけ達成されているのか確認してみよう（目標値は2013年設定、現況は2017年度時点）。

●保育所待機児童数

目標値＝0人

現況＝101人

●防災上重要な市有建築物等の耐震化率

目標値＝100パーセント

現況＝90・5パーセント

●年間入込観光客数
目標値＝400万人
現況＝約396万人
●中心市街地の歩行者通行量
目標値＝12万5000人
現況＝10万9866人

実はほかにもさまざまな目標値が設定されていたのだが、第2期にあたる「魁のまちづくりNEXTプロジェクト」の資料から外されている項目や、結果が公表されていないものもあるため、第1期から継続して取り組まれる主要な目標値だけを抜き出した。以上のことから評価すると、残念ながらほぼすべての項目で目標を達成できていない。なかでも、ほとんど効果が上がっていないのが「中心市街地の歩行者通行量」だ。目標値を策定した2012年度時点では11万9588人だったので、増えるどころか1万人も減少してしまっている。

待機児童数は年々減少しているものの、人口27万人の都市で101人はやや多い。隣県の県都・千葉市は約98万人の人口を抱えるが、待機児童数はわずかに4人（2019年4月）だ。まだまだ改善の努力が必要だろう。

数値の上下が激しいのが年間観光客入込数だ。2012年度に約314万人だったのだから、5年ほどで約80万人も増加したが、2018年は約30万人ダウン。まあ、それより中心市街地がスルーされるのが、水戸の泣きどころなのだが。

「水戸スタイル」教育は芸術性重視!?

というわけで、ざっくりと「魁のまちづくり」の概要を見てきたが、よく読みこんでいくとけっこうツッコミどころが満載だったりする。たとえば、①未来への投資のなかで説明されていた「水戸スタイル」。水戸独自の教育モデルを確立する目論見なのだろうが、「魁のまちづくり」の資料には、学力テストの平均点アップしか書かれておらず、具体的な内容がよく見えてこない。

そこで、いろいろ資料を探してみると、教育委員会がまとめた「水戸の教育

（令和元年度版）」に水戸スタイルの説明が詳細に記してあった。それによると、放課後学習のための場所を設けたり、数学の学習相談だったり、全校に英語指導助手を配置するなど、なかなか積極的な施策を打ち出している。そして、おそらく最重要ポイントが「郷土愛を育む教育」。やたらと水戸の歴史に関する副読本を配布しているのは、歴史の深い街にありがちなことだが、ちょっとほかと違うのが水戸芸術館の活用法。そこには「世界に誇る水戸芸術館と連携した芸術教育の充実」と題して、演劇や音楽、ミュージカルの鑑賞会を小学4～6年生まで毎年実施している。これらの資料から考えられる水戸スタイルとは「基礎的学習レベルが高く、郷土を愛し、芸術的感性に秀でた人材」というところだろうか。なんとも贅沢な人材である。まあ水戸には有名進学校だってあるし、学力レベルはストロングポイントでもある。

だが、筆者が出会った水戸民たちと芸術がどうも結びつかないのだ。パンキッシュなリュックを背負う女子高生がチャリで爆走していたり、スナックのママをはべらせて地元のオッチャンがどんちゃん騒ぎをしていたり、飲食店でビール片手に巨人戦に一喜一憂している光景を見てきたせいだろうか。まあ、そんなかに芸術的感性の強い人もいるんだろうけど。

商業に向かないのならビジネス開発に挑め！

仮に「水戸スタイル」のような完璧な人材育成に成功したとして、肝心なのはその人材をどう市内で活用していくかが肝要だ。地方では優秀な人材ほど上京してそのまま帰ってこない傾向が強いが、水戸の未来に還元してもらうためには、水戸市内に魅力的な企業を増やす必要があるのではないか。「魁のまちづくり」には、このビジネス面からの視点がいっさい記されていない。どれだけ郷土愛があっても、その優秀な力を活用できる場がなければ意味がない。

だが、北関東で唯一新幹線が通らない県の県都・水戸は、どうしても大都市圏の企業から敬遠されがちだ。さらに水戸気質が商いに向かないのは住民も認めるところ。そんな水戸で魅力ある企業づくりを行うのであれば、交通面でのデメリットに左右されないＩＴ関連企業などを集積させるのはどうだろうか。

かつて千葉の幕張はメジャーな海外企業ばかりを誘致したものの、その多くが撤退。その後に入ってきたＩＴベンチャーが一定の成功を得たことで街全体が盛り返した。たとえば、誘致という方法ではなくても、ＩＴベンチャーへの起業支援を特別に手厚くするなどの施策を行えば、地代も東京圏の都市よりも安いので、コストを抑えたい野心的な起業家を惹きつけられるように思うのだ。芸術的感性の高い水戸スタイルも悪くはないが、未来への投資をするなら、より現実的に水戸を活性化させる未来への投資を行ったほうが「魁のまち」に近づくのではないだろうか。

※　※　※

ここではっきり書いてしまいたい。筆者が考える水戸の問題点は、歴史と郷土愛をベースにした水戸市民たちの強すぎるプライドである。郷土愛の強い子供たちを育てるのはいい。どうしても徳川御三家推しで突き進みたいのなら、それでも構わない。地元にプライドを持つことは悪いことではない。でも、これまで歴史と郷土愛にどっぷりと浸かってきたせいで、停滞を招いている現実だけは心の片隅に入れておかねばなるまい。意固地な「水戸っぽ」気質は嫌いじゃないけど、技術革新とコロナ禍で世界が大きな変革の時を迎えている今、ぶっちゃけ水戸の伝統を前面に押し出した正攻法だけで一点突破するには、いかんせんパワーが足らない。茨城県ではそこそこの地位を確立していても、県外から見れば、人口30万足らずの地方都市にすぎないのだ。

仮に「水戸スタイル」が確立されて、それが水戸市にどんな発展をもたらすのだろうか。星野リゾートの威光をもってしても変わらないのかもしれない偕楽園のように、おそらく伝統のスタイルを引き継ぐばかりではないだろうか。

かつて県職員が「水戸はダメだ」と、グチをこぼしてしまった気持ちも今ならよくわかる。はっきり言おう。既存の「水戸コンテンツ」や「水戸スタイル」だけでは限界である。これまでの既存コンテンツに新たな魅力を付加していかなければ、現状の閉塞感を打破するのは難しいはずだ。水戸にはまだ隠れた魅力がたくさんある。街中の老舗もつ焼き屋はたまらなくおいしかったし、意外とライブハウスの聖地だったりもする。水戸は王道ではなく、ニッチなニーズを満たす街なのだと筆者は常々感じている。水戸市のお歴々には、改めて今までの実績と結果を踏まえて、「水戸スタイル」の殻をぶち破る勇気を持ってほしいと強く願う。

茨城県コラム 3

水戸をスポーツタウンへ！

茨城県のプロスポーツチームで圧倒的な知名度を誇るのが、鹿嶋市を拠点とするプロサッカークラブ、鹿島アントラーズである。鹿島アントラーズの前身は住友金属のサッカー部で、同部は1975年に大阪から鹿嶋（鹿島町）に移転してきた。その後、住友金属から鹿島アントラーズへ、組織は大きく変われど、かれこれ40年以上も鹿嶋にいるので、茨城土着のチームといってもいいだろう。だが、同じ茨城にして完全土着のプロサッカーチームといったら、水戸ホーリーホックである。

水戸ホーリーホックの前身は、1994年創立のFC水戸である。ここに1997年、土浦のプリマハムFC土浦（このチームはけっこう強かったのだ！）が合併し、同クラブが持っていた旧JFLの参加資格を継承。「水戸ホーリーホック」と改称して2000年にJリーグ入りを果たした。水戸ホーリーホックは県都・水戸と旧県南の盟主だった土浦のいわば常磐線主要都市の連合チームだが、あまりにもチームカラーに水戸が強過ぎ、しかもホームタウンは水戸を中心にほぼ県央の自治体で占められているので、水戸での人気は高いが、県南の土浦民に「おらが街のチーム」という感覚はほとんどない。確かに水戸から土浦は遠い。だがそれをいったら土浦から鹿嶋だって遠い（しかもアクセスも悪い）。だが土浦人は、一部の天邪鬼なサッカー通を除けば、茨城のサッカーチームと聞かれたら、おそらく「鹿島アントラーズ」と答えるだろう。もちろん実力や実績の違いは歴然だから仕方ない。だが鹿島アントラーズがあるのに敢然とふたつ目のプロサッカーチームをつくったわけだし、発足後も輝かしい出来事もなく、ずっと観客数の改善が叫ばれてきたのだから、鹿島アントラーズとの棲み分けも意識しなければならないだろうが、もっと県内全方位的にホームタウン・アピールできないものだろうか。もちろん最大のアピールは、Ｊ２でいつも10位以下に甘んじているチーム力を強化し、Ｊ１昇格を果たすことなんだが。

水戸はこと県内において、かつては「スポーツが強い街」というイメージも

あった。しかし水戸の現在地はビミョーだ。地方では高校スポーツの強さが街のカラーになったりするが、それでいうと水戸商が野球・サッカーの名門・強豪だったころの水戸は鼻高々だったに違いない。しかし、今の水戸のスポーツ強豪高といえば、陸上やゴルフの水城、剣道の水戸葵陵くらいだろう。

現在、茨城県内でスポーツの強い街といえば、メジャー種目に限ると、野球なら常総学院や霞ヶ浦を擁する土浦・阿見周辺（というか県南?）、あるいは明秀日立を擁する日立。サッカーはかつては古河がサッカー王国と呼ばれたが、今は鹿島学園や鹿島を擁する鹿嶋へと移行している。ラグビーはかつて日立（日立一や日立工）も強かったが、今は茗渓を擁するつくばのほぼ独壇場となっている。バスケットボールやバレーボールは土浦日大のある土浦という具合だ。

もちろん有望選手が集まるスポーツ強豪私学の存在次第で、スポーツにおける街の立ち位置は変わってくる。そんななかで水戸には今後、もっと茨城のスポーツ人材の強化・育成に力をいれ、水戸ホーリーホックやサイバーダイン茨城ロボッツといった上のステージに、地元（茨城）生え抜きの選手を送り込むシステムを構築してほしい。スポーツにおけるフランチャイズ制を水戸は強く意識すべきだ。水戸ホーリーホックのＧＫ・本間幸司のような茨城出身の選手がもっともっと出てくれば、多くの茨城県民が応援したくなるはずである。

第4章
茨城県各地の希望と不安

人口が激減している日立は滅亡まっしぐら!?

衰退を裏づけるデータだらけ!

人口約18万人を抱える日立市は、水戸市、つくば市に続く茨城のビッグシティだ。日立駅には動く歩道も設置され、街の象徴でもあるシビックセンターに相当金がかかっているのはひと目見るだけでわかる。

だが、近年の日立は全国紙で報じられるほど凋落が著しい。自慢の「ニッセイ(日立製作所)」はリーマンショック以降、苦境に立たされ、県内1位を誇ってきた製造品出荷額等も神栖市に抜かれてしまった。2014年には、日立と三菱重工業が火力発電システム事業を統合。統合といえば聞こえはいいが、三菱重工業のほうが出資比率が高く、事実上傘下に入ったようなもので、市内の基幹工場では所属社員の大規模な配置換えなども起きた。ニッセイのブランド力が低下し、経営のスリム化が進むなか、関連事業所なども続々と閉鎖している。事業所数は１９７９年の３９８３件をピークに年々減少を続け、２００７年以降は急激に落ち込んだ。２０１４年時点で１３８２件とおよそ３分の１にまで減ってしまった。

この事業所にはニッセイ関連の工業系会社だけではなく、個人商店なども含まれており、近年は市内の商店不足が深刻だ。年間商品販売額は１９９１年の７１６３億円をピークに２０１６年には３５２１億円と半減した。さらに00年代に百貨店や大型スーパーの撤退が相次いだため、売り場面積もここ10年間で20パーセントも減少した。駅前の商店街では「テナント募集中」の悲しいポスターが目立つし、レンガ造りでキレイに整備されているだけに、店舗の少なさが余計に際立っている。平日の昼間に歩いているのはリタイア組だと思われる高齢者ばかりで、祭りの準備に追われる中学生の声が駅前広場に鳴り響いていた。普段どれだけひっそりとしているのか想像に難くない。

自慢の工業も商業も衰退しているのだから、街から活気が失われるのは必然で、人口流出は全国ワーストクラスと、とにかくヤバい。総務省の「住民基本台帳人口移動報告」によれば、日立の社会減少数の多さは２０１３年と２０１４年で全国ワースト2位。さらに２０１５年には同４位、２０１６年は同９位となっている。とくに20～39歳の転出超過は顕著で、転出者数の半分以上がこの年代を占めている。要するに就職や結婚といったタイミングで人が市外に流出してしまうのだ。この世代の減少が多いため、日立はいわゆる「消滅可能性都市」にも指定されている。このままいけば２０４０年には人口14万人まで減少し、若い世代のいない超高齢化都市と化してしまうとされる。市の推計では２０２５年には市民の３人に１人が65歳以上となり、２０４０年には高齢化率が40パーセントを超えると見込まれている。まさに危険水域まで待ったなしなのだ。

というわけで、データを見るかぎり、日立は非常事態の真っただ中にいる、そして、そんななかで２０１７年に完成したご立派な新庁舎が地元民の反感を買った。人口減少対策にもっと金を使うべきなのに、庁舎の新築に約１３０億円もかける意味があるのかと一部の市民から公開質問状が送られたり、計画凍結に関する要望などが提出された。結局、新庁舎は完成するに至ったが、市と住民の間には小さくない溝が生まれる結果となった。

日立市内の施設はどれも立派すぎると、多くの市民は口にする。駅舎や市役所、駅前広場などは横浜や川崎といった首都圏ベッドタウンと遜色がないレベル。公共施設ではないが、日立総合病院も都心の有名病院より施設が充実している（ちなみに病院情報局というウェブサイトでは病院注目度ランキングトップ３００にもランクイン）。このように日立は何でもかんでも、まずは施設ありきの考え方が強いのだ。ニッセイと共に調子のよかった昔なら市民もあまりクレームをつけなかっただろうが、今はそうではない。ハコモノ行政だと批判を浴びるのも当然だ。より人口減少や商業発展のための具体的施策に金を使うべきだというのも筋が通っている。

病院が充実しているのは住民も多大な恩恵を受けられるけれど、少なくとも市役所はあんなに金のかかりそうなガラス張りのデザインにする必要はなかっただろう。消滅の可能性が取り沙汰されるなかでは危機感がないように映ってしまうし、無策だと厳しい意見が市内にあふれてしまうのだ。

ニーズを徹底調査した住民サービスは充実

ただ、だからといって日立が無能だと評価を下すのは早計ではある。なぜなら、ハコモノに隠れて、意外と暮らしへの対策を講じているのだ。筆者がある街を取材する際、必ず目を通すのが各自治体のホームページだ。情報公開が基本となった今、ホームページをくまなく探ると、住民も知らない行政の努力がけっこう見つかるものだ。

とくに日立は、さすが大企業のお膝元だけあって、住民のニーズ調査を徹底している。だいたいどこの自治体でもアンケート調査は実施されているが、頻度が少なかったり、質問項目に具体性が乏しかったりと、おざなり程度のものばかり。なかには数頁で終わってしまうものもある。反面、日立はアンケート調査をもとに独自の分析を加え、調査結果が数百頁に亘ることもある（あまりに長くて読み切るのに数日かかる）。このように徹底的に調査するのは、首都園では東京23区か政令指定都市ぐらいなもの。いくら日立が県内有数のビッグシティだといっても、人口18万人規模でこれほど大々的に調査をするのは珍しい。その点ではニーズに合わせてサービスの拡充を狙う一般企業的なマインドが根づいているといえる。このアンケートにしっかり回答する住民もかなり手慣れたもんだし。

日立が積極的に取り組んでいるのは子育て支援の拡充である。実はけっこうスゴイ支援事業が目白押しなのだ。まず目を引くのが「産前・産後ママサポート事業」。これは、妊娠中～子供が１歳になるまでの間、無料でヘルパーを派遣してくれる事業。家族の支援が受けられない妊産婦だったり利用限度があるが、それでも貧困層やワケありのママにとってみれば、魅力的だといえるだろう。また、妊産婦健診などで利用するためのタクシー料金も助成。出産祝い金も第１子で１万円、第２子で３万円、第３子以降は10万円とかなり手厚い。高校生までは所得制限なしで医療福祉費が支給されるなど、乳幼児から児童・生徒に至るまで、市からさまざまなサポートを受けられる。日立総合病院で、タクシーで来ている若い妊婦を見かけたのは、こうした支援事業を利用しているからかもしれない。

また、女性の就労支援も進めており、市職員に占める女性の割合も年々増加

日立市へのネガティブ意見とポジティブ意見

日立市へのネガティブ意見
•坂が多く移動が大変
•オシャレな店が少ない
日立市へのポジティブ意見
•医療福祉費支給制度が18歳までになった
•幼児教育、保育の無償化が始まった
•景色がきれい

※各種資料により作成

中。2015年には27・7パーセントだったが、2018年には29・2パーセントまで上昇。さらに女性管理職の割合は18・8パーセントから22・1パーセントと4ポイントも上昇した。さらに男性の育児休暇も積極的に認めている（12・8パーセント）。ちなみに厚生労働省が日本全国の企業の調査を実施したところ、育児休暇取得率は6・16パーセントにしかすぎなかった。一般企業と自治体の差はあるものの、少なくとも日立市役所内では男女参画が進んでいる。子供を産んでも仕事を続けられる環境が整えば、懸念されている20〜30代の転出率を抑える要因にもなるはず。ハコモノばっかり造っているわけではなく、けっこうがんばっているのに、「住みよい街」として、周囲にあんまり認知されていないというのが実情なのだ。

市でも特設ホームページを設けたりして必死にアピールしているのだが、当の市民にとっては当たり前のことだから施策への特別感はあまりないのだろう。水戸民あたりに聞けば、「日立は最近ヤバイかんね～」という話しか聞かれない。どれだけ頑張っても報われないというのは、逆に気の毒だ。

周辺市とは一線を画すコンテンツ力が必須！

それもこれも近年は「日立＝衰退」というイメージが独り歩きしてしまっているからだろう。日立民に話を聞くと「けっこう暮らしやすいですよ」とか「ほかに比べれば治安も悪くないし、自然も多いから子育て環境はいいんですけどね」という声は聞かれるけれど、ジェットコースターのように栄光から滑り落ちた都市への印象はすこぶる悪い。長所をも覆い隠してしまっている。

確かに20～30代などの野心を抱く若者世代による転出傾向は、今後も続くだろう。ニッセイは経営のスリム化を図っており、リストラの憂き目に遭った人も多いそうで、そうした親の後ろ姿を見てきた子供たちは、希望を見出せない街から出ていきたくなるだろう。しかしだ。それ以上に日立に住むメリットを生み出せれば転入者の増加も見込めるはずだ。市ではそのための行政サービスが整いつつあるし、もっと大々的に知らしめることができれば、ヨソからの移住も進むかもしれない。そのために必要なのは各種報道で植えつけられてしまった負のイメージを払拭し、新たな企業城下町としてリスタートするしかない。

真っ先に懸念事項として挙げられるのが中心市街地のにぎわいのなさだ。そもそも日立市内の商店街や住宅街は現在の駅ありきではなく、明治期に走っていたトロッコ電車の沿道で、労働者をターゲットに発展していった経緯がある。そのため、住宅街も商店街も南北の広範囲に亘っていて、そのすべてを発展させるのは難しい。

やや厳しい意見ではあるが、ビジネスシーンでよく使われる「選択と集中」の考え方を取り入れ、日立駅前などの商店街に絞って活性化を図るべきではないだろうか。だが、商圏としては水戸やひたちなかというライバルが多く、大型ショッピングセンターでは勝ち目がない。企業側も日立市の立地に魅力を感じないだろうし、がんばって誘致したところで、わずか2年で閉店したさくらシティ日立の二の舞になりかねない。市では中心市街地のあり方として「街をコンパクトにして高齢者が徒歩圏内で買い物ができるよう中心市街地に、にぎわいを取り戻す」としている。まあよくある考え方だ。筆者のかなり偏った意見としては、工場労働者やサラリーマンも多く、昼間から暇を持て余しているリタイア組も多いのだから、日が高いうちから一杯やれる屋台系の飲み屋などが並ぶ横丁などを設けてみてはどうだろうか。茨城県を巡ってみて思ったのは、県央や県北にはこうした昔ながらの横丁が少ないこと。水戸には点在しているが、大工町で飲みというとお姉ちゃんのいる酒場になり、どうしても割高感がある（水戸の相場は高い！）。そうではなくセンベロ系の横丁があれば、他市にはない魅力になるように思う。海も近いんだし、周辺自治体から茨城産の魚介類を仕入れてアピールすれば、県全体の魅力度アップにもつながる。市内に出店希望者がいないのであれば、得意の行政サービスをフル活用して、首都圏で飲食店をオープンしたい若者たちを呼び込めばいい。

あくまでも筆者の私見ではあるが、テクノロジーの街の日立がイメージを払拭して再浮上するには、ハコモノなどの機械的なものより、人同士のつながりや温か味が感じられるコンテンツが必要なのではないだろうか。

※　※　※

2年ぶりに訪れた日立市駅前は、良くも悪くも何も変わっていなかった。「ガラス張りの駅舎が人気を呼んでいる」というニュース記事もあったが、コロナ禍もあって観光客らしき人の姿は見当たらず、駅前商店街は相変わらず閑散としていて、空きテナントばかりが目立っていた。つまり、衰退のスピードはまったく弱まっていないのである。

では、当の住民は現状をどう考えているのだろうか。駅前広場で実際の声を聞いてみたところ、筆者の不安をよそに、おおむね「不安を感じていない」ようだった。もちろん人がどんどん少なくなっていくことについては、強く実感しているらしい。ある40代夫婦によれば「住宅街でも空き家が多くなってきた。退職金を元手に、他の市に移り住んだ家もある」そうだ。それでも「特別に暮らしにくいということはない」という。このように、身をもって衰退を実感しつつも、日立ライフをそれなりに満足している人が多かったのだ。

また、日立市で生まれ育った70代男性は、「昔のにぎわいを懐かしむこともあるけど、今はこのぐらいのほうが落ち着いて生活できるし、わりといいかなとも思うんだよ。減ってるっていっても子供はまだまだいるし、活力がないわけじゃあない。ひと昔前が栄えすぎてたんだよ」と言っていた。

日立市の衰退は、炭鉱や日立製作所といった産業と深く結びついている。そのため、産業が栄えているときは、ひっきりなしに住民が入れ替わっており、どこか慌ただしい雰囲気が漂っていたそうだ。それが今では高齢者を抱える家庭が増え、誰もが落ち着いた環境を手に入れている。日立は50年近くにわたって、地域コミュニティづくりに積極的に手を入れており、祭りなどの地域活動も何気に盛んだったりもする。かつては移住者ばかりだったが、それも10年20年と時を重ね、すっかり日立での暮らしになじみきった。そんな日立市民にとって、慣れ親しんだ日立ライフは決して悪くないのだ。移住者獲得のためにあれこれと施策を練るのはいいことだが、現住民が何を魅力に感じているのかを掘り下げてＰＲするのも悪くないんじゃないだろうか。

市内各地にあるのは日立関連企業ばかり。経営のスリム化を図った昨今はリストラも多く、若者世代は職を求めて市内を脱出した

イトーヨーカドーが生命線だったが、最近はひたちなかのコストコに客足を奪われているらしい

県央の注目タウン・ひたちなかは住んだらどうなの？

人口の転入も商業＆観光頼み⁉

ひたちなか市といえば、昨今、茨城県内最高の観光地と誉れ高い国営ひたち海浜公園がある街だ。インバウンド観光に成功し、ネモフィラのシーズンとなる5月は国内外からの観光客であふれ返る。取材時に訪れたのは10月のことだったが、それでもひっきりなしに大型観光バスが往来し、園内では中国人やアジア系とも思われる観光客をあちこちで見かけた。観光がパッとしない茨城県にあって、国営ひたち海浜公園はありがたい存在なのだ。そのため、県民アンケートでも約６割が県の自慢に挙げるほどである。

こうした観光の大成功に乗じて、国営ひたち海浜公園周辺は大型ショッピン

地元で聞いたひたちなかの住み心地

場所によって買い物格差が大きい
教育環境があまりよくない感じ
静かでいいけど夜はちょっと怖い
言われているほど交通の便はよくない
ヤンキーは減ったけど減ったら減ったで寂しい

※各種資料により作成

グ施設が相次いで進出した。道を挟んだ反対側には、ファッションクルーズニューポートひたちなかをはじめ、TOHOシネマズ、スポーツデポなどが建ち並び、2014年にはコストコもオープンした。これら商業施設の林立によって、水戸や日立といった近隣のビッグシティからの集客にも成功している。某水戸民はコストコの会員カードをこれ見よがしにひけらかし、「ココに行きゃあ何でもそろうんだ〜」と自慢げでもあった。今はわりとどこにでもあるんだけど……とツッコミたくなるのを抑えつつ、オッチャンの屈託のない笑みに思わずホッコリしたのはいうまでもない。

これだけ施設が充実しているのだから、若者のデートスポットにも選ばれている。20代の某ひたちなか民は「休日に来るならこの界隈しかねえし」と、やや消極的な表現ながらも、しっかりとファッションクルーズで購入したであろうＡＢＣマートの袋をぶら下げていた。他に選択肢がない分、どうしてもニーズが高くなるのだ。

観光や商業のコンテンツで優位に立つひたちなかは、高齢化に悩む自治体ばかりの県央〜県北では珍しく比較的若い街でもある。生産年齢人口は62・２パーセントで、水戸、日立、土浦よりも高い（２０１５年国勢調査）。東日本大震災以降、転出傾向が強まったものの、それでも２０１８年の転入者数５８０５人、転出者数５８５５人とその差は50人ほどにしかすぎない。毎年数百人規模の転出者に嘆く日立に比べれば、その健闘ぶりが光る。低迷し続ける県央地域において、ひたちなかの成功は希望の光でもある。

じゃあ、どれだけ住環境がいいのかと思い、地元民に話を聞いて回ってみると、一様にして返ってくるのは「買い物の利便性」ばかり。そこで、あえてデメリットを尋ねてみることにしたのだが、そこで目立ったのは「公共交通の利便性の低さ」。ひたちなか市内を通る鉄道路線はJR常磐線と水郡線、ひたちなか海浜鉄道の3路線。常磐線は1時間に5本以上が運行されているが、勝田駅を中心に市内西部を南北に走るだけにすぎず、東西の往来ができない。ひたちなか海浜鉄道は多くても1時間に2本ほど。となればバス路線がカギを握ってくるが、これも市南部と北部の大規模住宅地がメインで、沿岸部の交通インフラは脆弱といわざるを得ない。

また、後野周辺に広がっている住宅街ともなると、駅からかなり離れており、そもそもバス路線もあまり充実していないため、やはり車での移動がメインになりやすい。このような交通格差は人口流入にも如実に表れており、勝田駅や佐和駅周辺では人口が増加しているものの、阿字ヶ浦や那珂湊周辺では人口減少が著しい。要するに合併した旧2自治体（勝田・那珂湊）間で格差が生じているのだ。

たとえば、ひたちなかが行った市民意識調査によると、住みよさを感じると回答した理由に「生活利便性（買い物ほか）が高い」「交通の利便性が高い」が挙げられている一方で、住みにくさを感じる理由も「公共交通が不便」「生活利便性（買い物ほか）が低い」と同じ項目が挙げられている。回答した人の居住エリアまでは公開されていないものの、交通インフラなどに住みにくさを感じているのは、十中八九沿岸部をはじめとした住民によるものだろう。

そもそも、ひたちなかで人口が増えているのは単身世帯が多く、転入理由は約5割が「仕事の都合」によるものだ。近年の商業施設ラッシュで人材採用のニーズが高まっているのだろう。つまり、観光地や商業地としての発展がなければ、ひたちなかに移住しようとは考えなかった人が多いのだ。転入した人の約5割が住み心地に満足しているし、住み続けたい人も約6割に達しているから、多くは定住する意向を示してはいるが、それも観光や商業面での成功があってこそ。逆をいえばこの好調を続けられなければ、転入者を惹きつけられず、転出者が続出なんてことになるかもしれない。

幸いなことに、にぎわいはあるのだから、その恩恵を市内全体に浸透させられるかが今後のカギを握ってきそうだ。沿岸部では空家や空きテナントなども目立つ。だが、地元民によれば那珂湊などには隠れた名店も多いし、昔ながらの温かいコミュニティが保たれているという。こうしたメリットを活用しつつ、公共交通の短所を改善できれば、市内の東西格差を埋められるかもしれない。

街を巡った感想としては、ひたちなか海浜鉄道はけっこう味がある。個人的にはよりローカル色を強くして、名店めぐりなどをうまく発信できれば、とにかく魚は超美味いわけだし、沿岸部ももっと盛り上がるだろう。

※　※　※

ひたちなか市は、国営ひたち海浜公園のインバウンド効果で注目を浴びていたが、コロナ禍によって入場者数は激減。正確な数値は発表されていないが、近隣住民の体感によれば、「外国人が全然来ていない」という。ただ、コロナ禍の影響は案外悪いことばかりじゃないらしい。公園に首都圏から来る国内観光客が増えているのだ。横浜から来た20代カップルは「茨城がこんなに近いなんて知らなかった！」と、変なポイントに感動していた。国内での知名度が高まれば、それだけ茨城の評価も上がる。さらなる魅力度アップに向けて「首都から近い茨城」をことさら強くアピールしても面白いかもしれない。

全国屈指のアニメの聖地となった大洗の懸念

ガルパン以降のまちづくりはオタクが親しみやすい!?

大洗町が２０１２年ごろからアニメ『ガールズ&パンツァー（以下：ガルパン）』の聖地として注目されている、というニュースを耳にするようになり、どことなく不安を覚えてきた。というのも、アニメ聖地は注目されるが、一定期間が過ぎるとファンの興味が薄れ、街全体がいっそう廃れてしまうことも少なくないからだ。

だからこそ、大洗がアニメ聖地として成功したことに驚きを禁じえなかった。大洗の観光入込客数は、ガルパンが放映された２０１２年以降驚くほど増えた。また、野村総研によれば２０１３年～14年にかけての経済効果は約７億円に達し、万年赤字路線だった鹿島臨海鉄道も黒字化を果たした。さらにふるさと納税も激増。2015年にガルパン関連商品を返礼品に追加すると、前年度で約763万円だったのに対し、たった1カ月だけで1億6000万円を超える申し込みがあったという。こうなるともはやアニメ戦略特区の様相を呈している。2019年の大洗あんこう祭も過去最高の観客数を記録したというし、今の大洗が、名実ともにアニメタウンのトップランナーなのは間違いない。

では、大洗と他のアニメ聖地では何が違ったのか。まず挙げられるのが街の身近さがある。実は、アニメの聖地というのは今に始まったことではなく、ジブリ映画などでもモデルとなった観光地は多々存在する。しかし、それらの多くが地方の山奥だったりして、巡礼するためにはそれなりの準備と覚悟が必要だった。だが、大洗は東京から電車に乗って約2時間ほどと日帰りで巡礼することができる。同じ条件で人気を博したのが、『らき☆すた』の聖地でもある埼玉県の鷲宮神社だ。こちらも都心からの近さが奏功して、今も多くのファンが訪れている。

そのうえ大洗の場合、ガルパン製作者たちと地元商店街との結びつきが非常

大洗へのアニメ聖地効果

ガルパンの返礼品目当てでふるさと納税が急増
2013年4月からの1年間で町内への経済効果が約7億円
鹿島臨海鉄道が黒字決算に
大洗あんこう祭の来場者が激増
30～50代の独身男性を中心に移住者が急増

※各種資料により作成

に密であり、お互いが対等の関係だったことが大きい。近年、アニメでまちおこしをしようというムーブメントが高まり、行政がトップダウンでアニメの誘致をしたりもしている。しかし、行政側と手を組むとアニメ制作において思わぬ支障をきたすことがある。たとえば、ガルパンの場合は街を破壊するシーンも登場するが、そういったシーンは行政側からＮＧが出たりすることもある。つまり、行政が絡むことで、アニメ本来がもつ魅力が失われてしまったりするのだ。だが、ガルパンの場合は当初から行政と手を組んだわけではなく、地元の県議会議員や商工会の有志に依頼した。これが奏功して、地元とのスピーディーな連携が可能になった。イベント開催やオリジナルグッズ販売戦略も素早く行い、商店街全体でガルパンを盛り立てた。行政を通すと、こうした動きがどうしても遅くなってしまう。また、地元商工会が動いたことによって商店街が一致団結したことも大きい。こうしてできあがったガルパンの街は、オタクに長く親しまれる本物の聖地となったのである。

当のオタク側も大洗は居心地がよく、近年は移住者も増加しているらしい。ネット上では移住者へのインタビュー記事もアップされており、それによると「大洗はオタクが生きられる街」だと感じられたそうだ。あくまで一個人の感想にすぎないが、町内にはそこかしこにキャラクターパネルがあり、休日ともなるとガルパンファンが商店街を闊歩する。取材時にはTシャツにデカデカと「オタク」とプリントされたTシャツを着た男性とも遭遇した（キャラTじゃないのかよ！）。ついにはガルパンの宣伝プロデューサーが大洗で起業するなど、オタクによる街おこしがオタクによるまちづくりへと変容しつつある。

町が公表している人口ビジョンをみると、転入理由のなかにガルパン関連という項目もある。大洗を選択した理由のトップは「実家だから」がもっとも多いが、「ガルパン」は４番目に多い。ガルパンで人口が劇的に増加するわけではないが、少なくともアニメが移住理由のメインのひとつになっているのは大洗ならではだ。

ただ懸念もある。町民の全員が全員、オタクカルチャーを理解しているわけではないことだ。アニメの魅力なんてそもそもわからないし、そんな見ず知らずのものに街が荒らされ、「何かやだなあ」と感じている人は意外といる。街の盛り上がりによって表に出てこないが、些細なボタンの掛け違いから、街のコミュニティが崩壊していくなんて話はよくある。

また、ガルパンファンに独身おじさんが多いことも不安である。移住してくれるのは町もありがたいだろうが、どうしても子供が増えないのだ。町内で出会いに恵まれて結婚でもしてくれれば、街の発展にもつながる。ただ、最近は夜中まで営業しているバーなどもできているそうで、出会いの場は増えつつある。今後はオタク移住者たちが大洗で家庭を築く、なんてケースが増えたらいいなあ。

大洗への「ガルパン移住」は、年々増加しているらしい。いまだに「あんこう祭」ではガルパン声優が訪れたりもしているし、やっぱり街中にはオタクっぽい人を見かけることも多い。すっかり「ガルパンの街」として定着している。数そのものは少ないが、ガルパンをきっかけに大洗が好きになって移住しているのだから、地域に貢献しようという意識が強い。そのため、積極的に地域コミュニティに参加し、まちづくりにも大いに関心を寄せているのだ。

ガルパン移住者のパワーは、就職や転勤を目的にした移住者とは異なり、街を動かす原動力になる。商店街やマリンタワー周辺でも、ちょこちょこ新しい店ができているし、にぎわいの創出に一役買っているのだ。地元民もかなり好意的に受け入れているようで、悪い評判はまったく聞かなかった。

まあ、まだ爆音を鳴らす暴走バイクも走っていたから、本当に地元民とオタク民のミックスが進むのかは未知数でもある。でも、ヤンキーとオタクは意外と相性がいいって話も聞くし、意外と心配いらないのかも。

※　※　※

方針はどっちつかず 東海村民の原発への不信感

まったく進展のない原発議論に村民は辟易

全国的に原発の再稼働問題で揺れるなか、日本最初の原子力村としても知られる東海村は、東日本大震災以降、原発を巡って右往左往を繰り返している。周辺市町村には「原発は廃炉を！」といった看板を至るところで見かける。反対派が強いメッセージを発信する一方、住民のなかには一定数の再稼働容認派がいることも確かだ。たとえば、ひたちなかの30代男性は「リスクを徹底的に検証すれば再稼働してもいいんじゃないかな。エネルギー問題も環境問題もあるし、原発マネーで潤ってきたのは事実だしね」という。現在、日本の火力発電の割合は77・9パーセント（2018年）。自然エネルギーの割合が増加傾向にあり、ここ5年で最も低い割合となっているものの、これは2014年に0パーセントだった原子力が4・7パーセントまで伸びたことも影響しているともとれる。火力発電はCO2を排出するため、地球温暖化に影響を及ぼす可能性がある。とはいえ、原発を再稼働すれば、有事の際に福島での大惨事を再び起こしかねない。まさにダブルバインドに挟まれた原発の取捨は、国家的に取り組まなくてはいけない課題だ。

また、東海村はこれまで産業の多くを原発関連に頼ってきた経緯があるため、できれば再稼働を望む人が少なくない。茨城大学が行った「地域社会と原子力に関するアンケート2018」によると、「廃炉」を求める声が45・9パーセントにも上り、多数派意見となっている。しかし、これは東海村の他に日立市、那珂市、ひたちなか市での調査結果を踏まえたもの。東海村だけでの結果を見れば、「廃炉」を求めるのは37・1パーセントにまで低下。逆に「なるべく早く再開した方がよい」と回答した人は14・2パーセントにも達している。ひたちなかでは同値で6・3パーセントだから隣接自治体での意識の差は歴然だ。

さらに波紋を呼んでいるのが東海村長の発言。原子力専門の季刊誌上で「福島のような事故はまず起こらない」「原発は再稼働していく必要がある」「必要ないという人は、すべての外部電源を遮断して自家発電だけで生活してもらわなくてはいけない。自宅から一歩も出てはいけない」などと述べ、反対派から針のむしろにされている。脱原発論を展開していた前村長から、推進派（表向きは中立）の現村長に変わってからというもの、反対派が盛り上がりつつあり、火に油を注ぐ結果となっている。

このように再稼働なのか、それとも廃炉なのかどっちつかずの状態が長らく続いている。そもそも国家的なプロジェクトなのだから国が決めることなのだろうが、判断は保留のまま。周辺住民間でも意見が分かれているので、まったく前進できないでいる。ヤキモキしているのは東海村の原発関連企業で働く人々だ。あくまでまた聞きではあるが、ある日立民によると「原発関連で潤っていた人は商売あがったりで困ってるみたい。給付金をもらえても仕事がなければ食べていけないからね。製造業とか建築業とか原発に頼りきりだった地元の小さな企業は潰れてるとこも多いって」という。

東海村ではカメラをぶら下げているだけで敬遠されることも多く、原発にまつわる取材に辟易としているのだろう。撮影しようとすると「取材のもんかい？どこの局だ！」と怒鳴られることもあった。東海村民にとってはアンタッチャブルな話題なのだろう。とはいえ、こればかりは時流と国の決定を待つしかない。賛成派も反対派もそれぞれの主張があるのだろう。だが、自分たちで街の命運を決められない苦しみは想像を絶するものがある。こうした住民の反応は、原発の話題には付き物だともいえるが、そのたびにいつも感じるのは、住民たちも被害者のひとりだということ。先の日立民にしても「原発は怖いから個人的には再稼働してほしくないけど、東海村には親戚もいるし、何ともね〜」と苦虫をかみつぶしたような顔を浮かべていた。

いずれにしても東海村が原発問題によって前にも後にも進めない状況に陥ってしまっているのは事実。さらにもっと長引くようであれば、住民たちはまた疲弊していく。再稼働するにしても廃炉にするにしてもいち早く何らかの結論を求めているように思う。だが、賛成派も反対派もヨソ者が声高に正義を唱えるのは、住民を追い詰めるだけ。そのことは現場取材で強く感じられた。

※　※　※

東日本大震災から10年が経過した２０２１年、前東海村長の村上達也氏が新聞紙上で「原発事故を経験しても日本は変われなかった」とコメントした。

東海村は原子力で発展し、同業界と蜜月関係を続けてきた。しかし、１９９９年のＪＣＯ臨界事故など、地域の安全を脅かす事故がたびたび発生。東日本大震災でもギリギリで事故を逃れた経緯がある（原電は危機一髪だったことを認めていない）。そんな安全と危険が隣り合わせの原子力施設を目の当たりにして、村上氏は「原子力村」の村長という立場でありながら、東海第二原発の廃炉を求めて脱原発に舵を切った。だが、「もはや原子力に頼らない」と主張しても、体制や方針はなかなか変わらなかった。こうした状況に、村上氏は「もんじゅの廃炉が決まったのに核燃料サイクルの看板は下ろさない。日本は原発事故を機に原子力に頼らない国に変わるべきだったがチャンスを逃してしまった。一度決めてしまったものは引き返せないという日本的な文化を感じる」と述べている。一方で２０２１年3月18日、水戸地裁は東海第二原発の運転差し止めを命じた。この勝訴は今後、脱原発の勢いを加速させていくのだろうか。

脱原発か推進かで地元はいまだに割れているが、原発依存による損得勘定によって方針を決めるのは避けるべきであろう

村長の再稼働容認発言で批判殺到。でも、村民には再稼働を望む声があることも事実

衰退する元県南の雄 土浦の切り札は「チャリンコ」

ピントがズレた開発で土浦は一気に寂れた

本書の編集者と執筆者の一人は土浦市の出身で、往年の土浦の繁栄ぶりを（かなり自慢げに）教えてくれた。記憶によれば、往時（70年代～80年代前半）には中心市街地に百貨店（スーパー系や同施設の別館含む）と映画館がそれぞれ7軒もあったとか、風俗街が花盛りで北関東一と称されたとか、土浦七夕まつりは市内外からの来客者で大にぎわいで、子供は小網屋（昔あった地場百貨店）のヒーローショーに大興奮していたとか、マック、モス、ドムドムといったハンバーガーチェーンの茨城での先駆けはすべて土浦だったとか（本人はそう思っているが真実なのだろうか?・）。人口こそ水戸や日立の後塵を拝していたものの、かつての土浦は一大商都にして、県南の盟主の座に堂々君臨していた。しかも土地柄、東京方面とのかかわりがそれなりに強く、「流行」もほとんどタイムラグなく入ってきていたので、茨城県の最先端都市としての顔も持っていたそうだ。ところが80年代中盤以後の話になると、編集者は急にトーンダウンし、今度は自虐的に語り始めた。

「とにかく1985年の万博（つくば博）、当時は多くの人がやってきて盛り上がったけど、あれがよくなかった」

開口一番がこれである。

1985年に万博が開催された筑波では、70年代から本格的に学園都市開発が進められていた。そして万博から2年後、4町村が合併して「つくば市」が誕生する。土浦にとってライバル都市ができるのは別に悪いことではなかった。お隣同士だし、相互連携・発展しあえばよかったのだ。だが、土浦は先の万博開催に向け、中心市街地の上に高架道をつくったり、郊外にロッコク（国道6号）のバイパスをつくったりと、編集者いわく「ピントがズレたインフラ開発をしてしまった」という。本当は高架道ではなく、つくばと土浦を結ぶ新交通システムをつくる案もあったようで、それが実現していればまた違った展開になったかもしれないが……とにもかくにも先のインフラができたことで、土浦は万博客のベース拠点にはなったものの、中心市街地が素通りされることとなった。対照的につくばは、万博開催とその周辺開発を契機に人の流入が多くなり、大型商業施設（ＣＲＥＯ）も出店し、ロードサイド店も増加した。

こうして徐々に求心力を奪われていくなかで危機感を強めた土浦側も、駅前にウララ（複合商業ビル）を建設したり、駅ビルのテコ入れを図ったが、あまり効果はなかった。そしてとどめは２００５年のつくばエクスプレスの開業だ。これにより、土浦の希望だった鉄道面の優位性が消滅。つくばは一気に宅地開発が進んで人口が増加。土浦を追い抜き、県南第一の都市となった。

絶望感も漂ってくる中心市街地の光景

「時代の流れもあるから、つくばで万博が開催されていなかったとしても土浦は衰退していただろうね。でももう少しマシな寂れ方になったような気もする」。

そう聞いて訪れた現在の土浦の街は、土浦駅西口前を除けば、あまり活気が感じられなかった。モール５０５は噂通り負の遺産化しているし、目抜き通りは駅から離れるほど店の数も風景も閑散としてきて寂しい。城下町の面影を色濃く残す中央1丁目あたりまで来ると、高架道や高い建物もないから空が抜け、閑静な雰囲気と古い建物がうまくマッチしているが、それにしても人通りが少なすぎる。

筆者はこれまで衰退した地方都市を数々見てきた。土浦よりもっと酷いシャッター街にも遭遇している。しかし土浦の街中には何かこうあきらめに似た絶望感のようなものを感じてしまうのだ。モール５０５にはまだ複数のテナントが入っているが、全体では空きテナントの比重が圧倒的に高く、そこは基本的にほったらかし。夜逃げ同然に（逃げたのかどうかわからないが）、もぬけの殻の店舗に旧テナント主への勧告状が貼られていたり、発見したこっちがゲンナリしてしまう。目抜き通り沿いも資本力がありそうな地元店以外、どの店舗やビルも古く昭和ちっくなままで、開店しているのか閉店しているのかよくわからない店も多い。要は駅前以外の市街地に主だった開発もなく、ここ20～30

年、ほったらかしにされ（地権の問題もあり手出しができないのもあるけどね）、朽ちていっているわけだ。観光都市としてはもとより、距離的に東京のベッドタウンになりきれず、こんな中途半端な街、誰が訪れるというのだろう？

星野リゾートも加わり自転車のまちは期待大？

で、ここからがいよいよ今回の本題である。

衰退する土浦はコンパクトシティ化を目指し、市役所を小松の高台から土浦駅前に、市立図書館も土浦一中裏から土浦駅の隣に移転させた。このうち市立図書館が入るアルカス土浦は、モダンな印象の外観の文化施設。しかし、街中活性化の起爆剤にはなり切れていないのが実情だ。というかよほどの大型商業施設でない限り、施設単体で街中の活性化なんてそうそうできるものでもなく、他にも何かフックとなるものが欲しい。というわけで、「自転車ブーム」と「霞ヶ浦と筑波山をまわる広大なサイクリングコース」に目を付けたアトレ（JR）、土浦市、茨城県による大がかりな自転車プロジェクトが進行したのである。

土浦は今「自転車のまち」を猛アピールしている最中だ。巷では昨今、若者の車離れに健康志向も相まり、「自転車ブーム」が到来した。ブームはだいぶ落ち着いたが、ロードバイクによるサイクリング（ツーリング）は市民権を得、世間に定着した。そのサイクリング拠点となるべく、土浦駅ビルを大改造。商業施設を含むサイクリング拠点「プレイアトレ土浦」が開業した。筆者が実際に見たプレイアトレはウイング、ペルチ時代とはうってかわったモダンなつくりで、オシャレなフードコートなども完備されている（昼から午後にかけて、フロア内に中華料理の山椒の匂いが充満しているのが個人的には難点だったけどね）。このプレイアトレを拠点に、全長が約180キロメートルにも及ぶ「つくば霞ヶ浦りんりんロード」など多彩なコースを、世のサイクリスト（チャリダー）に走ってもらおうというわけだ。だだっ広い平野なので初心者も走りやすいし、坂バカのドMなクライマーでも筑波山があるので満足できるだろう。

さらに2020年春、プレイアトレ内に星野リゾートが手掛けるサイクリスト向けのリーズナブル（1人1泊6000円程度）なホテル（BEB5土浦）が開業した。戦略的リゾート開発に一日の長がある星野リゾートが、「自転車」

というコンセプトに可能性を見出したのは、土浦市にとっても自信になるだろう。

このままでは万博時の二の舞に⁉

この土浦の自転車振興策は、ヨソから人を呼び、交流人口を増やして地元を活性化させようというもの。自転車ファンは全世界にいるので、インバウンド需要だって期待できる。要は地元のアイデアや地元民の消費だけで中心市街地を活性化させるのは、もはや無理だと土浦市は悟ったわけだ。

筆者はこの自転車による地域活性化策を面白いアイデアだと思う。これまでの土浦では生まれなかった発想だろう。だが、現状のままでは市街地はやはり切り捨てられる。何せこのサイクリングコース、当然ながら郊外を走るが、筑波山へのコースは旧筑波線のルートに沿っており、それは土浦の中心市街地の北側（郊外）を抜けて筑波山に到達する。これでは万博と高架道の関係と同じく、中心市街地は素通りされてしまう。せめて筑波山方面へのコースだけでも、土浦駅を出てすぐ常磐線沿いに進路をとるのではなく、まず中心市街地を真っすぐに抜け、その後はせめて、旧筑波線の新土浦駅跡付近からりんりんロードに入るコース設定や整備はできないものだろうか。多くのサイクリストに土浦の街を見てもらい、街中に何があるのか、どういったお店があるのか、街を知ってもらうことが、多少なりとも地元消費につながるのではないか。もちろんそのためには安全なルートの確保や、街中への休憩ステーションの設置（モール505は使いようがあると思うぞ）は前提条件になるのだが。

土浦駅前は確かに変わった。プレイアトレ、アルカス、市役所のある西口は、一昔前とは違ってかなりイケている。地元の年寄りは変化に無関心だが、若者のウケはそこそこ上々だ。さらに土浦は市長がついに変わった。「土浦を変える」と公言する市長は、自転車プロジェクトを今後、どうライディングしていくのだろう？

※　※　※

2020年春からの一連のコロナ禍で、人々の生活様式が一変した。そして緊急事態宣言中は不要不急の外出を控えるべしとの要請から、人々は家にこもりがちになり、家で快適に過ごすための商品が売れるようになった。いわゆる巣ごもり需要である。一方で、ソーシャルディスタンスを確保しやすいアウトドア需要も伸びた。その代表はキャンプだが、レジャーとしてのサイクリングも注目され、１回目の緊急事態宣言が解除された２０２０年5月末以降、スポーツバイクの需要が高まった。

自然を満喫でき、密を避けられ、カロリーを消費でき、（レンタルすれば）あまりお金もかからない。というわけで、サイクリングに力を入れてきた土浦には、２０２０年秋の行楽シーズン以降、サイクリストや家族連れなど、多くの人が訪れた。それまであまり振るわなかった土浦駅直結の星野リゾートの廉価ホテルの稼働率も持ち直したという。

レジャースポットとして土浦には地の利もある。土浦はギリギリ首都圏であり、交通の便が良く、首都圏住民がちょっとお出かけするにはうってつけの場所なのだ。土浦にはこのチャンスに乗じて、「サイクリングの聖地」として、確固たる地位を築いていってほしいものである。

土浦駅１階に入る自転車ショップ。ここで自転車（ロードバイク）をレンタルして、いざ筑波山や霞ケ浦へ！

土浦駅直結のサイクリスト向けホテル「星野リゾートBEB5土浦」は、アウトドアレジャー人気の追い風により需要回復したという

県南最強都市のキビしい現実
中心部の空洞化に苦しむつくば

昔から時代の最先端を行く独特でモダンな街だった

土浦市とつくば市の関係性とかヒエラルキーというのは、県南という茨城県の一地域の話ではあるものの、意外に多くの茨城県民が知るところで、そのことについて県内でコメントをとると、たいてい「土浦は完全につくばにやられたね」というニュアンスの答えが返ってくる。何でも勝負事に持っていこうとするのは茨城県民の悪い癖だが、さらにこう付け加えるのだ。「つくばエクスプレス（以下：TX）が大きかったね」と。

土浦とつくばの発展と衰退、両市のパワーバランスの変遷は、土浦の項でも書いたが、そもそもつくばは、土浦とは比べ物にならないくらい市の歴史が浅い。つくば市は、1987年に谷田部町、大穂町、豊里町、桜村の4町村が合併し、その歴史がスタートした。要は片田舎の町村が寄り集まって市になったわけだ。ただ、合併前からすでにこの4町村は、田舎町から現代都市へと変貌を遂げていた。学園都市（県南では皆「学園」と呼ぶので、以下は「学園」で通す）として開発された旧桜村を中心とする地域には、80年代初頭にはなんとなく未来都市然とした雰囲気の街並みができあがっていたのだ。当時の学園（桜村）を指して、たとえば土浦市民の誰も田舎と侮ることはなかったはずである。ちなみに、つくば市でいかにも田舎といえば1988年に編入された旧筑波町地区で、ここには今も明るい農村を絵に描いたような風景が広がっている。

つくばの中心は言わずもがな学園だ。その正式名称は「研究学園地区」で、300以上の研究機関が立地し、2万人以上の研究者が働いている。学園内には開発当初から、そうした研究者（公務員）用の住宅がつくられた。メインになったのは団地だが、竹園などにある戸建ての公務員住宅は、一見無機質ながら若干モダンアートのようにも見える外観で、未来の家を予感させるものだった。そうしたコンテンツに触れた地元民の多くは当時、大いにカルチャーショックを受けたものだ。

さらに1985年の万博開催直前にオープンした商業施設のCREOも衝撃的だった。本書の土浦出身編集者は、「CREOのカーブするエスカレーターなんて初めて見たし、入っていた映画館もメジャー作ばかり上映する土浦の映画館と違って、質の高い文化的な作品をよく上映していた。それを通ぶってよく見に行ったもんだ」と、地元民じゃないのにうそぶいていたが、それほど先進的な商業施設だった。そのCREOに遅れて1993年にオープンしたのがMOGで、さらに2005年のTX開業と共にキュートがオープンし、つくば駅そばのCREO一帯は「つくばクレオスクエア」となった。しかし、2018年にCREOが閉店した。昨今、郊外型百貨店の需要が先細り、地方では日常的に利用できる専門性の高い商業施設の需要が高まっているが、その流れにCREOも抗えなかったのだ。今、つくばクレオスクエアはMOGやキュートが構成するショッピングモールとなっているが、この一件を象徴事例として、TXつくば駅周辺の中心市街地が活気を失いつつあるという。土浦の中心市街地の活気を奪っていったつくばだが、歴史は繰り返すというのだろうか？

コンパクトシティは茨城に向かないよな

つくばの中心市街地は、広くは市内を碁盤の目状に走る東大通り、西大通り、北大通り、南大通りに囲まれたエリアを指す。このなかのＴＸつくば駅周辺の地区が、「つくば都心地区」「つくばセンター地区」という商業用途限定のエリアで、ここがいわゆる商業機能が充実した、都市でいうところの「街中」である。

この中心市街地は、ＴＸ開業以前、「筑波研究学園都市」が建設される際、研究学園都市の中心としてふさわしい都市環境の形成を目的に整備された。そのため、都市の中心市街地にありがちな個人商店が集積する商店街や、飲み屋横丁（盛り場）などは存在しない。さらに電線は早くに地中化され、大型の商業施設や公共施設などの各施設はペデストリアンデッキでつながり、さらにそうした大規模な施設がありながら、周辺には緑（公園）も多く、昨今流行りのコンパクトシティを具現化したような街並みをつくり出した。モータリゼーションが進む茨城でありながら、昭和期にはすでに「歩いて暮らせる」をコンセプトにまちづくりをしていたわけだから、最先端都市・つくばの面目躍如である（でも不思議なことに市役所は研究学園地区にあるんだよなあ）。

しかし、このまちづくりは、あくまでも茨城では理想論でしかない。ＴＸのつくば駅は1日平均約2万人が利用している。だが、その周辺にある商業施設は、現場で見たところ、通勤客が日常的に利用しているような印象もなく、それは観光客もまたしかり。ここを日常的に利用するメイン層は、中心市街地で暮らす子育て世帯の若い奥様（つくばマダム）や子供たち。ターゲットがほぼ地元民に限定されるだけに、需要に添わない商業施設からは客足が遠のき、やがて閉店を余儀なくされる（ＣＲＥＯがいい例だ）。

しかも、つくばの中心市街地にはそもそも地元民自体が少ないのだ。その居住人口は今や1万人足らず。つくばとほぼ同じ人口規模（約23万人）の街、たとえば長野県松本市（総人口は約23万８０００人）の中心市街地の居住人口は約1万３０００人。神奈川県大和市（総人口約23万７０００人）に至っては約2万１０００人もいる。まずもって地元民（消費者）がいなければ、中心市街地に活気は生まれない。

そしてここはやはり茨城（結局話はここに戻る）。いくらＴＸが開業して陸の孤島から脱却したといっても、新旧住民問わず、普段の移動手段はマイカーだ。しかもTX開業による宅地開発が進み、ファミリー層を中心に人口増加したつくばには、マイカー対応の大型商業施設が続々と進出している。コストコ、イーアス、イオンモールなどなど、不特定多数の住民を満足させる品揃えと専門性、高いブランド力で人気を博している商業施設も多いのだ。もちろん、つくば駅周辺の商業施設も大型駐車場を完備し、車社会に対応はしている。さらに、2021年の春には、CREO、キュート、MOGを「トナリエ」として一新。これら商業施設、オフィスビル、分譲マンションを「トナリエつくばスクエア」としてオープンする予定で、これら商業施設のターゲットはファミリー層寄りとなるそうだが、たとえばTX各駅（研究学園、万博記念公園、みどりの）や県南全域のファミリー層が、マイカーを駆ってわざわざトナリエに遊びに来るかといえばビミョーである。あくまで地元民向けの施設であり、だからこそ隣接する場所への大型マンション建設も必須だったのだろう。

つくばには中心市街地という概念そのものがいらない

ただ、周辺（郊外）の商業施設に人が流れているからといって、つくばの中心市街地が空洞化で寂れているかといえば、そういう印象はあまり受けない。つくばセンタービルの周辺には、平日でも主婦やサラリーマンを中心にそれなりの人出はある。

それにつくばという街に、中心市街地という概念はあまり必要ない。もちろんＴＸが開業してつくば駅のターミナル的重要度は万博開催当初と比べて増している。だからといってつくば駅の周辺をことさら重要視しなくてもいいのでは、と思うのだ。そんなありきたりの地方都市のようなまちづくりをしていたら、つくばの名折れではなかろうか。たとえば、相互補完できるにぎわい拠点を各地につくり出し、○○ならつくば駅周辺、○○なら研究学園、○○なら谷田部などなど、市内各所に個性的な街が並び立てば面白いだろう。

それでもかつてと比較してつくば駅周辺が寂しい、もっとにぎやかにしたいと思うのなら、筆者はアミューズメント施設をつくるのがいいと考える。吾妻

CREOの隣には大型マンションができる。これら一帯は「トナリエつくばスクエア」となるそうだが、果たして成功するのか？

のエキスポセンターで科学技術や宇宙を楽しく学ぶのもいいけれど、どうもつくばは堅苦しい。もっと頭を空っぽにして楽しめるスパリゾートだったり、あるいはつくばの個性を出したいならAIをフル活用した超現代的なゲーセンや、ファンタジーランドでもいいだろう。つくばは秋葉原から最速45分で到着する。好きなものにならお金を落とすオタクをワンサカ呼べる可能性を持った土地なのだ。

対土浦でTXの存在が大きかったというけれど、つくばはまだまだTXを有効活用していないのだ。

住みよい街1位！守谷が目指す最高の「トカイナカ」

各ランキングで住みよさが上位！

ここ10年ほどで、住みよい街として急速的に認知度を高めている守谷市。日経ＢＰ総研の「シティブランド・ランキング―住みよい街２０１７―」では、見事に総合1位を獲得。また、東洋経済新報社の「住みよさランキング」でも毎年上位で、２０１８年は4位にランクイン。２０１９年こそ77位にランクダウンしたものの、その理由は算出指標の大幅な変更によるもので、さほどダメージは受けていない。つまり、つくばエクスプレス（以下：ＴＸ）開業後の守谷のブランディングは、ある程度成功したといえるだろう。

それにしても、〝住みよさ〟とは一体何であろうか。「シティブランド・ラン

東洋経済新報社住みよさランキング（2019年）

順位	市区町村名（都道府県）
1	白山市（石川県）
2	文京区（東京都）
3	野々市市（石川県）
4	福井市（福井県）
5	倉吉市（鳥取県）
77	守谷市（茨城県）

※東洋経済新報社「住みよさランキング 2019 の結果」参照

日経 BP 住みよい街ランキング（2019年）

順位	市区町村名（都道府県）
1	文京区（東京都）
2	西宮市（兵庫県）
3	府中市（東京都）
4	印西市（千葉県）
5	浦安市（千葉県）
21	守谷市（茨城県）

※日経 BP「シティブランド・ランキング—住みよい街 2019—」参照

キング」では、働く世代2万人を対象にアンケート調査を行い、安心・安全、快適な暮らし、生活の利便性、生活インフラ、医療・介護、子育て、自治体の運営、街の活力の8分野について集計してランキングを算出しているが、この評価は、実際に住んでいる人の住み心地を正しく反映していない可能性もある。そこで筆者は、新旧問わず守谷で暮らすさまざまな人々に取材を敢行。住みやすさについてのホンネをあちこちで聞いてみた。

子育て世代は待機児童が心配？

手始めに話を聞いたのは、ＴＸ開業以前の〝北相馬郡守谷町〟時代から守谷に住んでいる人々だ。田舎だった守谷が「住みよい街」として人気を高めていることについて、どんな感情や感慨を抱いているのだろうか。

「守谷が住みよくなったかどうか？　よぐわがんね。ＴＸが開通したといっても、いつも車移動だから、俺の方はとくに変化がねえんだよなあ。まあ、買い物できるところが増えたりして街がにぎやかにはなってっけど、変化を感じるといえばそれくらいだな」

これは農業に従事する50代男性の話。ほかにも聞き込みをしたが、大抵の〝守谷原住民〟の反応は鈍い。もちろん、10～20代の若者からは「首都圏にアクセスしやすくなった」という明確な答えが返ってくるのだが、ずっと同じ街に暮らしていると、些細な変化には気づきにくいのだろう。

そこで、ＴＸ開業後に転入してきた新住民、いわゆる〝茨城都民〟を取材した。２０１５年に市が行った市民アンケートによると、守谷に移住することにした理由の1位は「ＴＸが開業するなど通勤・通学に便利なまちだから」で、56・３パーセントを占めている。この結果に比例して、東京へ通勤・通学する15歳以上の就業者・通学者の割合は23・３パーセント。ＴＸ利用者も「都内までさほど時間がかからない」「通勤電車でもさほど混雑しない」「駅に清潔感がある」と、おおむね好意的な感想を口にしている。

まあ、ＴＸがあって通勤に便利な街というのは自明でもあるので、他の要素を探っていこう。いくら都内へのアクセスが良いといっても、守谷は車社会。市内の移動は車がないと厳しいエリアである。だが、都内から越してきて10年

守谷市新住民の住み心地感想
子育て世帯が多いので希望の保育園に入れない
意外と子供を遊ばせられる施設が少ない
身近に生活用品を買える店が多くて便利
娯楽が少ないのが不満
終バスが早い。駅から離れた場所のバスは不便かも
自然が多く静か。以前は集団走行の騒音も多かったけど……

※各種資料により作成

目を迎える40代女性は、意外な感想を口にしてくれた。

「都内で子供を育てているときは、ベビーカーで電車に乗ると邪険に扱われたりして、毎日ストレスが溜まりました。でも、守谷に来て車で移動するようになると、そのストレスはほとんどなく、『子育てするなら絶対に郊外の方がいい！』と痛感しましたね」

なるほど、自動車の購入費・維持費という負担こそあるが、子育て世代には守谷のような車社会が住みやすい――これは盲点だった。また、さほど広くない市内に商業施設やスーパーが充実しているので、買い物に困ることはほぼないという（もちろん、オシャレな服を買いたくなったら首都圏に行くけどね）。

子育てつながりで、保活についても触れておこう。県が発表するデータだと待機児童数は1ケタ台なのだが、諸条件によって参入されない〝潜在的待機児童数〟は多く、その数は各園で3ケタに届く勢い。せっかく越してきても、共働きで子供を預けられなくては困るので、保育園のさらなる新設が待たれる。ちなみに、小学生が通う児童クラブは実質的な待機児童ゼロを達成しているそうだ。

また、学校教育では、〝子育て王国もりや〟を掲げ、カリキュラムの改革に着手している。この件について小学生の子をもつ女性は「うちの発達障害の子供に対しても手厚くサポートしてくれています」と、手放しで褒めていた。

このほか、医療施設の充実ぶりや公園の多さを評価する声が多かった。一部で「あおり運転の事件現場になって、イメージが悪くなった」という意見も上がったが、これはもらい事故みたいなものだから気にしないでおこう。結論としては「十分住みよい」ということでいいかなと。このまま「最高のトカイナカ」を目指すべし！

※　※　※

２０２０年の住みよさランキング（東洋経済新報社）で、守谷市は前年の全国総合77位から50位にアップ。茨城県内ではつくば市がトップで同19位。県内3位が水戸の同１４９位だから、ＴＸ沿線の２都市が住みよさではぶっちぎりである。守谷は往時よりランキングが落ちたが、もはや「住みよい街」としてのブランド化に成功したといってもいい。守谷駅周辺の再開発はすでにひと区切りついているが、ベッドタウンとしてずっと安定した人気を保っている。

ＴＸ開業後、守谷を筆頭に住みよいとされる沿線の街に多くの人が流入した。一方で、大きく人気を落としたのが常磐線沿線の街だ。とくに常総エリアにおける守谷のライバル都市（そう言っておこう）である取手は人口が緩やかに減少、常磐線の乗降客数も大きく減少したという。しかし、その取手にようやく希望が見えてきた。20数年越しの取手駅前の再開発が進み、さらに郊外のキリンビール工場近く（桑原地区）に巨大なイオンモールが建設される（２０２５年度開業予定）。伸びしろでは守谷より大きそうな取手。守谷も「住みよい街」のブランドにいつまでも胡坐をかいていられないかもね。

揉めまくる古河！ハコモノと新駅は誰が喜ぶ？

リコール選挙後も市は慎重姿勢崩さず

県内でも独立国家的なロケーションにある古河市。茨城西端の埼玉県と栃木県に隣接しているため、辺境の地だと思い込んでいる茨城県民も少なくないが、実は湘南新宿ラインが通っているおかげで、茨城にあって渋谷まで1時間で行けるという不思議な街だ。

そんな古河を揺るがす大事件が起こったのは、2012年のこと。当時、文化センターの建設を推進していた市長・白戸仲久氏が、「総工費125億円は高すぎる」との理由で古河市民にリコール運動を起こされ、選挙に敗れ辞職したのだ。白戸氏側は合併特例債が利用できる点を強調（大雑把に説明すると、事業全体の3分の2を国が負担してくれる）したものの、反対派の市民にその声は届かず、建設中止を訴えた菅谷憲一郎氏が新市長に。しかし、2016年の市長選で菅谷氏は敗北、針谷力氏が新たに市長の座を射止めた。

月日の流れるのは早いもので、白戸氏の辞職から7年が経過した。だが、古河市は今も「古河駅東部土地区画整理事業」に慎重な構えを見せている。まあ、あれだけ揉めて、例の入札外しの損害賠償訴訟でも敗訴しているのだから、慎重になる気持ちもわからなくない。現状では、「文化的機能を有すること」を条件に民間企業に売却する方針を公表。2019年6月から7月にかけて公募を行ったが、参加表明のあった6事業者のうち5事業者より辞退届が提出され、残りの1事業者も2次審査の結果、内定には至らなかった。

市民を二分する文化センター問題

いたずらに時間だけが過ぎ、予定地の雑草が伸びるばかりの文化センター問題。だが、市は慎重ながらも少しずつ計画を前進させようとしている。古河市の「議会だより」のバックナンバーを読むと、定例会において毎度のように文化センター関連の質疑が行われていることがわかるし、市政同志会の議員が川越市の複合施設「ウェスタ川越」を視察している様子も記事として掲載されている。

片や市民のなかにもいまだに〝文化センター待望論〟は根強い。2018年に実施された市民アンケートによると、「各交流拠点（文化交流拠点）の整備への期待」という項目においては、「期待している」が46パーセントで、「期待していない」の29パーセントを大きく上回っている（残りは「わからない」が21・2パーセント、無回答が3・8パーセント）。

ただし、「文化交流拠点の整備へ期待する効果」の回答を見ると、「映画館やショッピングモール等の商業施設の形成」が43・7パーセントでトップ、次点が「地域防災拠点機能を備える新庁舎を含めた複合的な公共施設の設置」で15パーセント。対して、「芸術鑑賞等が可能な文化施設の設置」を希望する人は13・7パーセントだった。この結果は、市民が「文化的機能」に特別期待をしていないとも解釈できる。

筆者が街で取材をした実感だと、文化センター建設について、賛成・反対の割合はほぼ半々。賛成派は、「文化施設が市内にあれば、何かしら意義のあることに使うはず」「大きなホールがあればそれだけで誇らしい」「著名なアーティストのコンサートなどが鑑賞できる」など、前向きに受け止めていた。一方、反対派の意見としては、「若者に魅力的なイベント開催が少なそう」「文化センターよりもショッピングモールが欲しい」「着工までに時間をかけ過ぎていてイライラする」という率直なものが多かった。また、ある地元老人は、稼働率という観点から話をしてくれた。

「どこのハコモノも、全国的に平均稼働率が低くて問題になっているのは知ってるよね？　人口が少しずつ減っている古河で１０００人、２０００人規模の大ホールをバンバン稼働させられるとは思えないし、もし稼働させたとしても、絶対に人は埋まらないよ。個人的に文化センターはいらないと思っているが、もし仮につくるとしても、ホールは３００～５００人収容程度の小規模なもので十分だと思うよ」

確かに、この男性の言うことはもっともだ。古河市の人口は２０００年をピークに緩やかに減少していて、少子高齢化も進んでいる。老人が多いので綾小路きみまろあたりが公演をすれば満員になるかもしれないが（文化的かどうかはさておき）、彼ほど高齢者を集客できる歌手やアーティストはそう多くないだろうし、集客が少なければ演者側にうま味もなく、悪循環に陥りそうな気もする。逆に、小規模ホールに留めておけば利用料もぐっと安くなるだろうから、市民がイベントをするにしても利用しやすいというメリットがある。いずれにせよ、現実的に将来を予測する必要があるだろう。

南古河駅を喜ぶのは近隣住民だけ？

ここからは古河市の現況を確認してみよう。2010年、立地的に関東の中心に位置していることから、「関東ド・マンナカ宣言」を行ったが、以後、特別盛り上がる様子はなく、宣言自体が市民に忘れ去られようとしている。

駅前の様子は、東西で大きく異なる。史跡やミュージアムの多い西口側がやや寂れているのに対し、東口側はイオンがあり、商業施設のある国道4号・1

２５号の交通量は多いが、ベッドタウンとして見ると決め手に欠ける。つくばや守谷のように「住みよい」と認定されるのは難しそうだ。

そんなまったりした時間の流れる古河だが、文化センター以外で近年あった大きな動きといえば、南古河駅（仮称）の設置が検討され始めたことだろう。が、市民アンケートでは、「期待している」と「どちらかといえば期待している」が合わせて36・5パーセントなのに対し、「期待していない」と「どちらかといえば期待していない」が合わせて49・6パーセント。「あまり望まれていないの？」と思わせるが、建設予定地区の近隣住民の半数以上は「期待している」と回答している。古河駅〜栗橋駅間が７・５キロと離れていることから、その中間に住む住民にすれば、通勤・通学は間違いなく便利になる。

けれど、南古河駅の建設で市の魅力が向上するかといえば、大いに疑問が残る。そもそも新路線開通くらいの大事業でなければインパクトは薄いし、人口増に寄与する周辺開発にしてもイマイチ全貌が見えてこないのだ。

とにかく、市民のニーズをまずしっかりと把握してから、新施設にしろ新駅にしろ、建設してほしいものである。

※　※　※

2020年11月末、任期満了に伴う古河市長選が行われ、現職の針谷力氏が再選を果たした。争点となったのは新型コロナウイルス対策や利根川の水害対策、そして本編にもあったJR東北本線の南古河駅建設の是非。新駅建設について前向きな立場だった針谷氏の当選によって、ひとまずは建設の方向で進むのだろうが、総工事費概算約106億円、駅予定地の土地確保、周辺人口の少なさなど超えるべきハードルは高い。とくに周辺人口が少ないと、採算面でJR東日本が駅設置に難色を示すのは明らかで、今後すんなりと建設されるとは思えない。それよりも針谷氏が表向きとはいえ意欲を示している市内遊休地へのショッピングセンターや映画館の誘致。こちらの場合では、市長の本心や本気度はよくわからないが、市民の顔色を見てどっちつかずの対応をしている場合ではなく、市長が古河市の今後の発展にそれらが結びつくのかどうかしっかりと分析して見極め、決断を下すべきだろう。どうも古河は伝統的に、何をするにしてもスピード感が足りていないのだ（アイデアもだけどね）。

一度は「まちなか再生市民ひろば」が置かれたものの、数年で解体され、現在は「駅前子育て広場わんぱくステーション」になった

南古河駅の建設予定地。いつ着工となるか今後の動向に注目したいが、本当に実現するのか超えるべきハードルは高い

知名度の鹿嶋と実力の神栖 愛される「似た者都市」の実態

なぜか両市を行き来する鹿嶋民と神栖民のナゾ

Jリーグを愛する者にとっての聖地（あるいは敵地）である鹿嶋市の知名度はバツグンだ。アントラーズのおかげでアジアでも〝カシマ〟の名前は知れ渡っている。また鹿嶋は、アントラーズ以外でも鹿島神宮や鹿島臨海工業地域など、教科書レベルで全国的に知られている。一方で、この地域を鹿行と呼ぶのは筆者も初耳だった。茨城県出身者ですら「えっ、そうなの？」と言ってたぐらいだから、地域名はマイナー中のマイナー。おそらく鹿嶋という名前が強すぎて、それ以外の街の存在感が陰に隠れてしまうからだろう。鹿行を構成する街は、鹿嶋市、神栖市、鉾田市、潮来市、行方市の5つだが、こうして地名を並べてみても、やはり鹿行における鹿嶋の存在感は際立ち、突出している印象を受ける。

だが統計では、実は神栖がかなり優れていることがわかる。たとえば財政健全度を示す指数は神栖が圧倒的だ。２０１８年度の財政力指数は神栖１・３４で、鹿嶋０・９８を大きく離している。財政力指数は１・００を超えると地方交付金の不交付団体とされ、いわば黒字財政自治体だ。神栖はここ20年間継続して不交付団体を維持し、財政基盤の安定度は首都圏でもトップクラスを誇る。首都圏で市単位で神栖を超えているのは千葉県の浦安市、東京都の武蔵野市しかない。行政レベルではちょっとしたセレブ団体でもある。

自治体の公債の返済額の大きさを示す実質公債費比率こそ神栖と鹿嶋では大きな差はないが、将来的に財政を圧迫する可能性を示す将来負担比率は神栖22パーセントに対し、鹿嶋59・４パーセント。財政的な豊かさは数字にはっきりと表れている。

これだけ財政基盤に差があるのだから、住民サービスや住みやすさにも差が出そうなもの。ところが、両市の各種支援策を比較すると、際立った違いは見当たらない。高齢者支援はやや神栖のほうが手厚く思えるが、定住支援などはお互いに35万円ほど。財政黒字の神栖がケチ（堅実？）な行政運営をしていそうな感じである。また、格別にどちらかが移住を推進しているわけではない。にもかかわらず、両市とも人口は微増から横ばいと、人口減に悩む自治体が多い県内にあって健闘している。

そもそも鹿嶋と神栖は切っても切れない関係だ。それぞれ鹿島臨海工業地域で働く世帯のベッドタウンを形成しており、住民構造は酷似している。実は神栖の転出入人口の移動状況を見ると、この両市で盛んに人口が行き来している。隣接市だから人口が頻繁に移動するのは当然。だがその場合、どちらかの市の行政サービスが優秀だったり、大学など教育施設が充実していたり、何かしらの移動理由があるものだ。ただ、いずれも大学がないし、進学世代はたいてい東京圏に移住している。両市とも人口移動が多いのは20代後半から30代後半までの世代だ。

ではなぜ両市での人口移動が多いのか。ポイントは住宅にある。住宅相場（アットホーム調べ）を見てみると、新築一戸建ての相場は、鹿嶋市で約2077

万円、神栖市は約２０８０万円。価格帯が変わらない上に、住環境もほとんど一緒。しかも転入者の約半数は鹿島臨海工業地域の労働者のため、たいていは車で出勤する。職場への距離感も大きな違いはないし、どちらに住居を構えても暮らしぶりに大差はない。だから両市民は個人の好みであったり、利便性を考慮して、どちらに住むかを決める。このあたりの住民は越境移住に何の抵抗もない。

神栖の方がやや人口増加数が多いが、これはお隣千葉の銚子からの移住者を受け入れているから。鹿嶋と神栖に大差はないが、神栖と銚子には大きな違いがある。銚子は産業の空洞化が著しく、行政の放漫経営がたたり、今や「第２の夕張市」になる可能性を指摘されている。市が危機的な状況で行政サービスにも期待できないため、多くの銚子民が神栖に逃れてきている。神栖に特別なこだわりがあるわけではなく、背に腹は変えられず故郷を離れたわけだが、このあたりの地域は、関東平野最東端に位置し、三方を水域に囲まれ、太平洋に突き出た地域ということで、岬ならではの人・モノ・文化が共通している。そのため越県移住にも抵抗はないのだろう。鹿嶋、神栖、銚子と県はまたいでも地域はひとつなのだ。

味気ない街でも地元民は大満足！

では、両市の住みやすさはどうだろうか。公共交通の不便さを指摘する声も少なくないが、現地で取材をしていると、もっとも多く聞こえてきたのが「住めば都」というワードだった。

神栖市内の喫茶店に立ち寄ると、近所のオバチャンたちが休日の昼下がりを過ごしていた。彼女らは東北からの移住者で、神栖を終の棲家と決めているらしい。「魅力がないなんていっても、東北の田舎に比べればマシよ〜。街に出れば何でもそろうし、高速バスだって出てるから東京に行くのも便利なのよ〜」と、満面の笑み。筆者には東北のアクが強い県の方が魅力的に映るが、それは長年便利な東京に住み続けてきた者のないものねだりだろう。彼女たちにとって鹿嶋や神栖はパラダイスだという。サッカーに興味はなさそうだが、当日に行われていたアントラーズ戦の結果を気にしていたりと、けっこう地元愛も強そうだ。

鹿嶋や神栖はいわゆるロードサイド集積地で、地方といった風情はみじんもない。鹿嶋のオッチャンは「ここいらには中心市街地ってのはないのよ。全部国道沿いに集まってっから」という。ヨソ者から見れば味気ないし魅力的ではないかもしれない。だが、実際に暮らしてみると、ロードサイド集積地ほど便利なものはない。カスミなど地元スーパーもあったりして、よく見れば地方色もある。鹿嶋や神栖では、裏道に入るとすぐに住宅街が広がっているが、そのなかに趣味で経営しているような小さな居酒屋もあったり、井戸端会議的なコミュニティもしっかり形成されている。住めば都とはよくいったもので、暮らしてみれば案外と住みよさを感じるものだ。鹿嶋で出会った移住者のオバチャンはこんなことも話していた。

「田舎暮らしなんていうけど、本当に田舎に住んでる人はみんな苦しいもんなんだよ。自然が豊かっていっても、電気も水道もろくに使えなきゃ暮らしにくいし、生きるので精一杯なのよ。東京に住んでる人の基準で田舎を語れば、茨城みたいな街は魅力がないんでしょうけど、もともと田舎から出てきた私から

両市の子育て環境では神栖が上との声多数。買い物の利便性は甲乙つけがたく、両市共にロードサイドがかなり充実している

してみれば、茨城は十分都会で土地も安いし、みんな優しいし、天国みたいな場所なの」

魅力度がない茨城県のなかでも、強みは鹿島神宮とサッカーぐらいで、工業地帯とチェーン店が集積する鹿嶋や神栖の街はどうも冴えない。だが、それはあくまでヨソ者視点の話である。鹿嶋や神栖の住民は、ある意味で茨城らしい味気ない街に、強い地元愛を抱いているのだ。

茨城県コラム 4

常陸随一！　石岡のおまつり

石岡では、1988年に駅前の西友が撤退（今はトヨタのディーラーが立地）、2002年には江戸時代から続いた衣料品店のコーキ（高喜）が倒産。2007年には、石岡と鉾田を結び、主に高校生の足となっていた鹿島鉄道鉾田線が廃線。こうして石岡は駅前も市街地も閑散としていった。

そんななか変わらずに熱いのが、毎年9月に行われる「常陸國總社宮例大祭」、通称「石岡のおまつり」だ。これは、川越氷川祭、佐原の大祭とともに関東三大祭りのひとつに数えられている（関東三大祭りの定義には諸説ある）。

奈良時代（721年頃）に編さんされたとされる常陸国（茨城県域）の地誌『常陸国風土記』によれば、かつて常陸国には5国（新治、筑波、那賀、久慈、多珂）があり、それぞれを国造が統治していた。その後、大化の改新で国造制が廃止されると、新治、真壁（白壁）、筑波、河内、信太、茨城（うばらき）、行方、鹿島（香島）、那賀、久慈、多珂という11郡が設置され、そのうち茨城郡に常陸国の国府が置かれた。茨城郡とは現在の石岡市域。つまり石岡は当時の茨城県域における行政の中心地だったのだ。そして、国府の設置とともに創建されたのが「常陸國總社宮」であり、創建時の祭儀が江戸時代中～後期に例大祭へと変わり、現在まで連綿と受け継がれている。

とまぁ、とんでもなく古い歴史をもつ「石岡のおまつり」だけあって、旧市民には本物のお祭り男がワンサカいる。まず祭りは、今の中心市街地を形成する15町（森木町、大小路町、土橋町、金丸町、守横町、冨田町、仲之内町、宮下町、青木町、幸町、國分町、中町、若松町、泉町、香丸町）が持ち回りで「年番町」（当番）を務め、この町を中心に行われる。要するに、祭りの担当は15年に1度しか回ってこない。各町のお祭り男にとっては、干支1周よりも長く待ちわびた貴重な大舞台。一世一代の見せ場となるから大変だ。なかには「1年間、祭りのことばかり考えている」筋金入りのお祭り男もいるという。ちなみに、この年番制度は1902年には確立している。

祭りは3日間に及ぶが、まず初日の「神幸祭」で総社宮から大神輿が渡御す

る。大神輿が3日目の「還幸祭」で還御するまで、年番町が設けた「仮殿」（おかりや）が御分霊（常陸國總社宮の祭神の分身）が滞在する拠点となり、その年の祭りの中心的な役割を果たす。神輿を担ぐのも年番町の若者たちの担当である。また、祭り2日目には、石岡駅前通りで幌獅子パレードや山車パレードが行われ、見物客の熱気も増す。

熱い3日間では、祭りの外でもバトルが勃発する。どの町祭りでもそういう一面はあるかもしれないが、とくに70〜80年代のヤンキー全盛期の石岡は激しかった。未成年者のタバコ、アルコール、ソリコミ、シ◯ナー……何でもありの時代である。血気盛んな石岡の兄ちゃん・姉ちゃんが、ヨソからきた同

年輩に因縁をつけたり、同じ市内でも「おめぇ○○中だっぺ?」と、突然に市内中学の（地域差）ヒエラルキーをひけらかして場外乱闘が始まることも。もちろん、警察官が見張っているが、祭りのドサクサに紛れ1本入った細い路地でゴングが鳴ることも多々あった。現在の小美玉市など石岡近隣の子供たちには、「石岡のおまつり? 友だちとだけで行っちゃダメだがんね。大人と行ぐように!」と祖父母や親に釘を刺されたことのある人、いるはずだ。

とはいえ、石岡で年に3日だけ盛り上がる「常陸國總社宮例大祭」、一見の価値は大ありだ。

第5章
茨城県よ！
野望ではなく大志を抱け!!

メジャー志向が招いた茨城県の停滞

ピントがズレていた茨城のPR手法

茨城県は、県民が自慢にする強みのほかにも、食、インフラ、レジャーなど、あらゆる面で豊かさに恵まれている。それらは、知られていないか意識していないかだけで、本来弱点を補って余りあるものであり、かつて茨城県が掲げた「伸びしろ日本一」というキャッチコピーはあながち間違っていない。正確に表現すれば、伸びしろというより、すでに高いアドバンテージを得ていると言ったほうが近いかもしれない。つまり、茨城は本来スゴい県なのである。

では、なぜ魅力度ランキング最下位という不名誉な結果に長年甘んじてきたのか。現地で県民にその質問を投げかけてみると、多く挙がったのが「ＰＲ不足」という意見だった。だが、県民にはあまり浸透していないものの、県は東京の銀座に瀟洒なアンテナショップをオープンさせたり、最先端技術を取り入れて「いばキラTV」などで必死に宣伝していたりしている。何もせずに放置していたわけではないのだ。ただ、問題なのはPRのやり方が的を射ていたのかどうか。２０２０年の魅力度ランキングで最下位を脱出したのだから効果があったのではという意見もあるだろうが、結局のところは42位なのである。知事がこの結果に不満を持っていたように、もっと上位を目指していたのなら、PR方法が戦略的な部分で正解だったとはいえないだろう。むしろ茨城のPR方法にはどこかピントのズレがあったように思えてしまう。

そのズレの原因は、おそらく茨城の過剰なメジャー志向じゃなかろうか。先の銀座のオシャレなアンテナショップしかり、いばキラTVの大食いタレントを使ったコンテンツ（大食いは動画コンテンツで大人気）しかり、茨城のPRや街おこしは、何とかメジャーの舞台で戦おうとしすぎている。メジャー分野となるとライバルも多い。そんな群雄割拠の分野に飛び込んで、茨城を目立たせるのは至難の業。高いセンスと発想力が要求される。

こうした傾向は、ここ10年ほどで県内各地で開発されたB級グルメにも見てとれる。焼きそば、ラーメン、カレー、コロッケなど、メジャーなB級グルメのカテゴリーで勝負しようとし過ぎなのだ。もちろんどのメニューも味はいい。ただそんなことはグルメであれば当然で、そこからさらに踏み込んだ工夫やアピールがあまりないから、「これぞ茨城の食だ！」という印象が薄くなってしまうのだ。

最先端都市の危うさと県庁所在地の迷走

また、魅力度ランキングが知事の期待ほど上がらなかった要因に、街の存在感の薄さもあるだろう。県内の街の中ではメジャーなつくば市（筑波研究学園都市）も、近年は勢いにかげりが出ている。そもそも、つくばは「歩いて暮らせる街」を掲げ、コンパクトシティをいち早く目指し、全国から自治体関係者が勉強会などで当地を訪れるほどだった。だがそれもいわば「絵に描いた餅」だった。茨城は車社会である。可住地面積が広く、人が東西南北あまねく散らばっている。それは市単位でも同様で、一極集中ではなく多極分散が茨城の特徴だ。そのため、鉄道中心のまちづくりをしたところで、車中心の生活習慣が根づいた県民に、コンパクトな暮らしは根づかない。結果として中心市街地が思惑通りに発展せず、つくばでさえも空洞化の危険にさらされている。

とはいえ、つくばは首都圏のベッドタウンとして確立し、研究学園都市の威光も衰えてはいない。それにつくばはイメージ的に、今後何か革新的なまちづくりをするのではないか、という期待感を抱かせてくれる存在でもある。

一方で、深刻なのは県都・水戸だ。水戸の街は近年にぎわいを失っている。そこで地域活性化を目指し、市は「魁のまち」を掲げ、再開発を進めているが、そのどれもが散発的で、最終的にどんな街を目指しているのか抽象的なイメージしか浮かびあがってこない。いわく「歴史の街」であり、いわく「芸術の街」であり、いわく「商業の街」も目指している。メチャクチャである。まあ、すべてにおいて大志を抱くのは悪いことではないが、全国でまちづくりや街おこしを成功させた街は、ストロングポイントをしっかりと見定め、集中的に長所を伸ばす取り組みを行っているものだ。

水戸市は果たして地元の長所を理解しているのだろうか。たとえば水戸の再開発で新たにつくられる交流施設は、大ホールを備えた市民会館で、真向かいの水戸芸術館からの流れで交流人口の増加を狙っている。これはいわば「芸術の街」を目指した取り組みの一環ともいえる。確かに茨城は日本近代美術において重要な地ではある。だが水戸が「芸術の街」を掲げる根拠が、芸術館の周辺だけというのは何とも心もとない。要は計画が散発的で、「芸術」をトータルコンセプトとしたまちづくりができていないのである。それなら水戸はやはり「歴史の街」を突き詰めていくべきではないだろうか。ただし、弘道館、水戸城、偕楽園はいいとして、街中に時代を感じさせる街区がことさら保存されていないのは残念ではある。これは戦時中の空襲が要因ではあるが、戦後の行政が時代の潮流に流されて場当たり的な開発をしてきたツケでもある。それでも水戸は不思議と「歴史の街」としての空気感を濃厚にまとっている。街に得も言われぬ威厳が感じられるのだ。その空気感はどことなく山口県の萩にも似ており、水戸も萩に倣って歴史的風致を維持し、次世代に継承していく取り組みをこれまで以上に積極的に進めていくことが必要なのではないだろうか（先の芸術も歴史の範疇に入れればいい）。これは新参都市のつくばが決して持ち得ない個性である。

このように、茨城はグルメしかり、まちづくりしかり、その時々のメジャーな流行に乗るばかりで、本来の魅力を自ら捨ててきたような感が否めない。話題になった物事に飛びつき、大風呂敷を広げて二番煎じの開発や話題作りに終始している印象が強い。それではいつまで経っても茨城の真の魅力は外に伝わらないし、ひいては県民も次第に茨城ならではの魅力に鈍感になってしまう。行政には名物の納豆のように粘り強く、魅力あるものをより魅力的にじっくり育てる、そんな姿勢を持っていただきたい。

もはや自虐ではなく、自慢できる茨城になることが肝要である。そのために茨城は我が道を進み、「オンリーワン」の県を目指すべきだ。もはや最下位ではなくなった魅力度ランキングに過度に振り回される必要はないのだから。

銀座の茨城マルシェ。オシャレな施設だが、茨城の場合もっと泥臭く道の駅のようなにつくりにすればよりウケた気もする

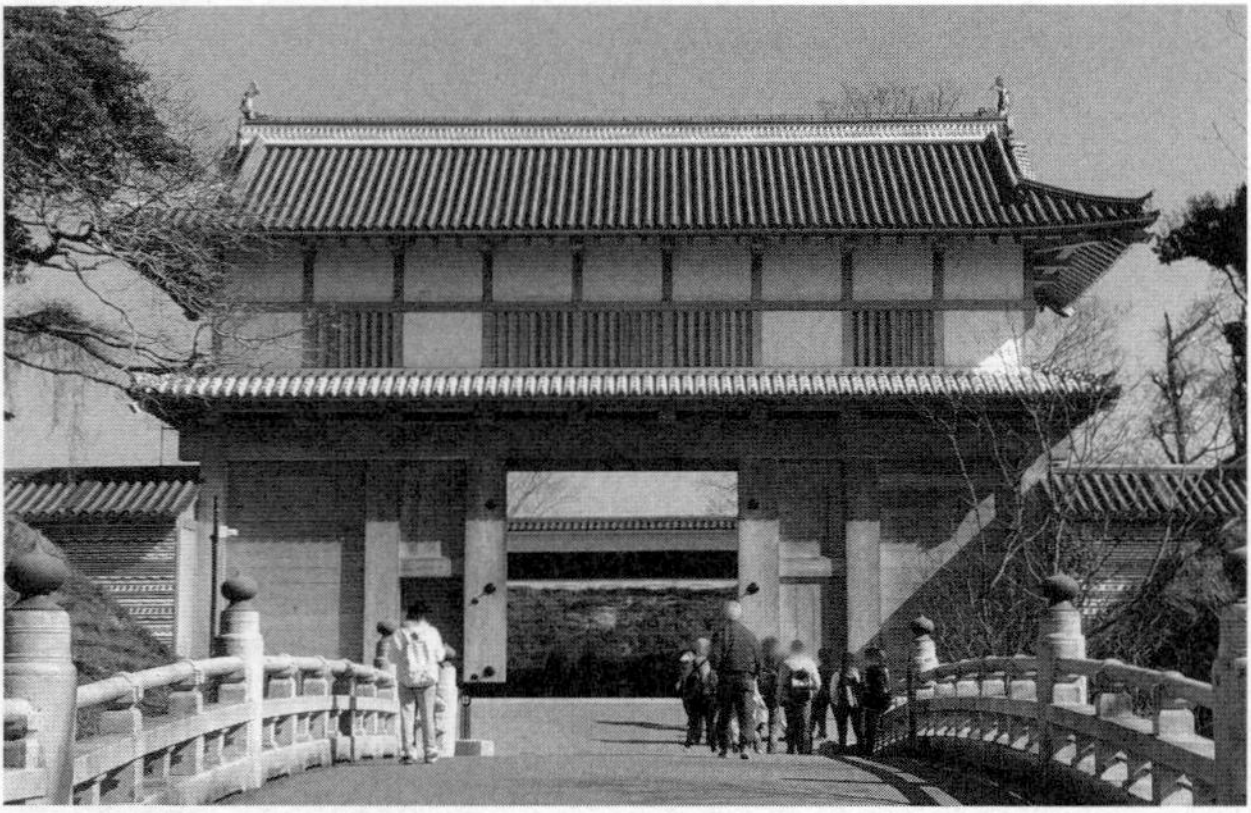

2020年2月にお披露目となった水戸城の大手門。土塁に付く城門としては国内屈指の規模で、歴史の街・水戸の面目躍如

類まれな豊かさと抜群の居住性
茨城県の飛躍は「住みやすい県」確立にあり！

茨城県は世間からだいぶ誤解されている！

ここからは最後の大まとめとして、茨城県が進むべき未来について、筆者の主観を交えて論じていきたい。

さて、全国的に茨城に対するイメージは、おそらく相当漠然としている（とくに西日本）。茨城ってどんなとこ？」と考えたとき、農業大国、水戸黄門、納豆のイメージしか浮かばないのが現実であろう。それでも県の魅力がここまでないなんて、とても信じられない。かつて茨城県民に魅力度ランキング最下位の話を聞いたことがある。多くの県民は「最下位だと逆に目立っていいべ」と、自虐的に答えていたが、内心で忸怩たる思いを抱いていたのは想像に難くない。

でもそこで平静を装うのが茨城県民のプライドだ。どんなことでも「まあ何とかなっぺ」と平気の平左。たとえば水戸は目に見えて衰退しているにもかかわらず、そんなことはわかっていても些末な問題と捉えがちだ。何を言われようが意に介さず芯がブレない。衰退著しい日立、ロードサイドの集積地で風情のない神栖の市民も同様だ。それは魅力度ランキングというヨソ者視点の物差しでは測れない思い。県民が享受する豊かさから生まれたもの。住んでみなければわからない茨城のメリットは山ほどあるが、それらはヨソからはデメリットだと誤解されているように思う。この誤解を解くことが先決だ。

まず茨城は東京から遠いと思われている。これは「茨城＝田舎」のイメージを強める原因のひとつだが、実際はそれほど遠くはない。県南は首都圏だし、水戸も特急を使えば、東京駅から1時間半ほどで到着する。電車の便が悪い鹿行エリアからだって、都心に向けて高速バスがひっきりなしに往来している。そのため、住民たちは交通面の不自由はあまりないと口を揃える。

茨城の日常生活は車がなければ不便なことこの上ないが、車社会というのも偏見を持って見られる要因のひとつ。都会では車離れが進んでいる。だがそれは身近に公共交通網が充実しており、とくに都心では維持費がかかり過ぎるから。正直、東京人が車社会を槍玉に挙げているだけで、そんな声がどれだけ大きくなっても地方の暮らしは変わらない。そんなわけで、車とは切っても切れない関係は変わらないし、実際、車社会だから道路網が発達し、県民は休日ともなるとアクティブに県内を移動している。コロナ禍による新生活様式の浸透で、これから県民の休日の過ごし方が変わるのかもしれないが、週末に老若男女、一家全員でドライブを楽しむなんて、幸せそのものではないか。

また家が安くて広いというメリットもある。茨城の注文住宅の平均相場は都内と比べて約500万円程度安い。そのうえ広くて庭付きの一戸建に住めるのだから、狭いペンシルハウスやマンションに押し込まれる都心の住宅事情に比べれば快適だ。それに集落や自治会のつながりも深い。ゆえにムラ社会になりやすいという指摘もあるが、そもそも地域社会という面でいえば、昔から人同士のつながりが深いことはメリットになり得る。災害時は地域コミュニティの助け合いが命を救う重要なライフラインになったり、かの東日本大震災時には、「近所の○○さんがいない」と周辺住民が必死に捜索し、一命を取り留めたというエピソードを聞いたこともある。

こうして見ても茨城県は便利だし、県民は豊かさを当たり前のように享受してきた。だからだろうか、県の素晴らしさや魅力を積極的にPRしてこなかったのだ。だがそうした発信は今後しっかりとするべきである。ただそれは魅力度ランキングを上げるためのものではなく、茨城をより発展させるためである。そもそも魅力度ランキングは目標にするべきものではない。

ただし茨城の良さをPRして世間に認知させるには、一定以上の時間がかかることを理解するべきだろう。たとえばご当地グルメで、お隣の栃木県の宇都宮餃子は、地元グルメの認知度で全国1位なのだそうだ。これは餃子が長らく宇都宮民のソウルフードとして親しまれてきた長い歴史に加え、官民一体となって売り出したことによる成果である。一方、茨城のご当地グルメはいろいろあるが、どれもまだソウルフードといえるほど全県的に浸透しているとは言いがたい。県の南北で食文化は微妙に異なるので難しいが、全県民が愛するソウルフードを確立できるようなら、宇都宮のように官民一体となって、長期的なアピールができるはずである。

さらに課題なのが、国内ナンバーワンのアピール不足である。鉾田のメロンの産出額・全国シェアは1位だが、夕張メロンのような嗜好品として、一般的に確立していない。こうした全国シェアでトップクラスの特産品は多いのに欲がないというのか、県や現場はもっとブランド獲得に貪欲になるべきだろう。

「住みやすい県」として名を挙げるべき！

茨城は人口が多極分散し、街の実力が拮抗しているため、リーダー都市不在が続いている。そのため県内の団結力が弱く、何事に対しても挙国ならぬ「挙県一致体制」がとりづらい。本来、茨城のリーダーは水戸が担うべきだが、生粋の水戸っぽは「水戸は無理だぁ！　だって自分勝手だもんよ」と、高笑いをあげていた。仮に水戸がダメなら、次にリーダーとして適格な都市はつくばだろうが、つくばは県を背負うほどの歴史に乏しい。つくばリーダー論は、あくまで空想の話で現実味がない。結局、思考や思想が凝り固まり、行動力はあるが発想力が乏しい水戸が変わらなければ、茨城の飛躍はないのである。

茨城が飛躍するためには、水戸を中心に結集し、何事にも目標を定め、協力して動く必要がある。いま水戸とつくばが高速バスでつながっているが、これは団結の第一歩かもしれない（あの過疎ダイヤは何とかして欲しいけどね）。各地の交流を盛んに行い、南北格差を解消し、地域の垣根を取っ払って協力し、自慢の「豊かさ」を向上させていくべきだろう。

茨城ほどモノが豊かで住みやすく、都会と田舎のバランスがとれている県は他にない。つまり、茨城の本質は「行きたい県」というより、「住みやすい県」なのだ。この特性は、今後も茨城が打ち出していくべきストロングポイントである。茨城は田舎で不便と誤解されているが、正確な情報を発信して多くの人を呼び込み、県の発展につなげたい。それこそが茨城が持つべき野望のファーストステップなのではないか。「住みやすさ」や「暮らしやすさ」という売り文句は、どこか抽象的で派手さはない。だがそれは、豊かなポテンシャルを背景にした茨城の「個性」であり、茨城県民が胸を張れる「誇り」である。

県の本質や長所を自覚してじっくりと伸ばしていくこと。愚直ではあるが、これこそが茨城の飛躍を成就するカギなのである。

つくばエクスプレスの開業で沿線は「住みたい街」として一定の認知を得た。ただその他にも茨城には住みやすい街がたくさんある

茨城のリーダーはやはり水戸市の他にない。歴史と伝統を持つ県都・水戸のリーダーシップを、いまの茨城は必要としているのだ！

あとがき

地域批評シリーズ（文庫版）の茨城県第2弾は「これでいいのか茨城県の野望」という、ちょっとセンセーショナルなタイトルである。この「野望」という言葉の意味を辞書で調べてみると、「身の程を知らない大それた野心」「分不相応な望み」とある。つまり、自分が抱いた望みの中でも、現実的にそれを叶えることが厳しい望みを指している。だからといって野望は持つなということではない。たとえ大それた夢であっても、それを叶えようと努力をすることは無駄ではない。何もしなければどんな夢も叶えられないのだ。

茨城県が魅力度ランキングで最下位を脱出すること。これは野望ではなく、意気込みのようなものである。それほど難しい望みではない。その証拠に（ようやくではあったが）2020年に最下位脱出を果たした。だが、県がこの結果に満足せず、今度はトップクラスを目指そうというのは野望である。おそらく叶う可能性はほぼゼロに等しい。もちろん県のそのための努力を否定しないが、そもそもここを目標にすることは正しいのだろうか。

茨城県を取材して改めて感じたことは、山海の幸が豊かで気候にも恵まれた「豊穣の地」にして、首都に近く利便性も兼ね備えた「超ハイスペック県」であること。県には、その素晴らしさを世間に認知してもらえないジレンマがあるのだろう。だが、ヨソ者に誤解を受け、どんな酷いレッテルを貼られようと、茨城の素晴らしさは何ら変わらない。だから県民がその魅力を理解していればそれでいいのではないだろうか。これからまた魅力度ランキングで最下位に逆戻りするかもしれない。それでも「茨城のいいトコ、おめえらな〜んもわかってねえなあ」。こうした優越感を多くの県民が持っていればそれでいいのである。そして、この優越感を負け犬の遠吠えではなく「正しい優越感」として、300万人近い県民がずっと持ち続けられるためにどうしていくべきか、行政にはヨソからの見た目を気にせず、県民主体で考えていってほしいと思う。

コロナ禍で新しい生活様式が浸透する中、首都圏移住にスポットライトが当たり、茨城県への移住者もこれから増えていくことだろう。そんな彼らにも「茨城に住んで本当によかった」といわれるような県であってほしい。住んで初めてわかる居心地の良さ――そんなワクワク感こそが茨城の魅力である。

参考文献

・長谷川伸三　今井雅晴　秋山高志　佐々木寛司　糸賀茂男
『茨城県の歴史』山川出版社　2012年
・小野寺淳
『茨城「地理・地名・地図」の謎　意外と知らない茨城県の歴史を読み解く！』実業之日本社　2014年
・茨城県地域史研究会
『茨城県の歴史散歩』山川出版社　2006年
・佐々木寛司
『茨城の明治維新』文眞堂　1999年
・山本博文
『あなたの知らない茨城県の歴史』洋泉社　2012年
・祖父江孝男
『県民性「文化人類学的考察」』中央公論社　1971年
・祖父江孝男
『県民性の人間学』筑摩書房　2012年
・山川菊栄
『覚書　幕末の水戸藩』岩波書店　1991年
・ジェイアクト
『茨城　ぶらり歴史探訪ルートガイド』メイツ出版
2017年
・都道府県研究会
『地図で楽しむすごい茨城』洋泉社　2018年
・酒井國光
『茨城県の山』山と渓谷社　2016年
・青木智也
『ごじゃっぺディア　楽しく学ぶ茨城弁』茨城新聞社
2011年
・岡村青
『茨城の逆襲』言視舎　2011年

【サイト】

・e-Stat 統計で見る日本
https://www.e-stat.go.jp/
・茨城県防犯協会
https://ibohan.jimdofree.com/
・茨城県警察
http://www.pref.ibaraki.jp/kenkei/
・文部科学省
http://www.mext.go.jp/
・厚生労働省
https://www.mhlw.go.jp/index.html
・地域ブランドNEWS
https://news.tiiki.jp/
・生活ガイド.com
https://www.seikatsu-guide.com/
・茨城県
http://www.pref.ibaraki.jp/

・水戸市
https://www.city.mito.lg.jp/
・日立市
https://www.city.hitachi.lg.jp/
・土浦市
http://www.city.tsuchiura.lg.jp/index.html
・ひたちなか市
https://www.city.hitachinaka.lg.jp/
・大洗町
http://www.town.oarai.lg.jp/
・つくば市
https://www.city.tsukuba.lg.jp/index.html
・守谷市
https://www.city.moriya.ibaraki.jp/
・神栖市
http://www.city.kamisu.ibaraki.jp/
・鹿嶋市
http://city.kashima.ibaraki.jp/
・東海村
https://www.vill.tokai.ibaraki.jp/
・古河市
https://www.city.ibaraki-koga.lg.jp/
・取手市
http://www.city.toride.ibaraki.jp/
・いばらきフィルムコミッション
http://www.ibaraki-fc.jp/
・JR東日本
https://www.jreast.co.jp/
・関東鉄道
http://kantetsu.co.jp/
・鹿島臨海鉄道
https://www.rintetsu.co.jp/
・ひたちなか海浜鉄道
http://www.hitachinaka-rail.co.jp/
・茨城新聞クロスアイ
http://ibarakinews.jp/top.php
・朝日新聞DIGITAL
https://www.asahi.com/?iref=com_gnavi_top
・47ニュース
https://www.47news.jp/
・時事ドットコム
https://www.jiji.com/
・読売新聞オンライン
https://www.yomiuri.co.jp/
・日本経済新聞
https://www.nikkei.com/
・毎日新聞
https://mainichi.jp/
・産経ニュース
https://www.sankei.com/

●編者

鈴木ユータ

1982年、千葉県木更津市生まれ。全国各地を駆け巡る実地取材系フリーライター。何かと縁深い水戸に再度訪問し、相変わらずのマイペースっぷりに危機感を覚えながらも、どこか安心する自分がいたのも事実。何だかんだ水戸ぐらいまったりしてるほうが落ち着いてしまうのは、両親が茨大卒だからなのか、はたまたチバラキ出身の宿命なのか!?

岡島慎二

1968年、茨城県土浦市生まれ。学術系からギャンブル系まで何でもこなす雑食ライター。18歳で上京し、現在まで都内を転々としてきたが、そろそろ茨城へUターンする頃かな、と真剣に考えている。でも免許を持っていない自分が茨城で暮らせるんでしょうか（超不安）。

地域批評シリーズ61　これでいいのか 茨城県の野望

2021年5月23日　第1版　第1刷発行

編　者　鈴木ユータ
　　　　岡島慎二
発行人　子安喜美子
発行所　株式会社マイクロマガジン社
　　　　〒104-0041　東京都中央区新富 1-3-7 ヨドコウビル
　　　　TEL 03-3206-1641　FAX 03-3551-1208（販売営業部）
　　　　TEL 03-3551-9564　FAX 03-3551-0353（編　集　部）
　　　　https://micromagazine.co.jp
編　集　岡野信彦 / 清水龍一
装　丁　板東典子
イラスト　田川秀樹
協　力　株式会社エヌスリーオー / 髙田泰治
印　刷　図書印刷株式会社

※本書の内容は2021年4月7日現在の状況で制作したものです。
※本書の取材は新型コロナウィルス感染症の感染防止に十分配慮して行っております。

2021 Printed in Japan　ISBN　978-4-86716-137-1　C0195